保險好EASY

拿回保險的主導權
用小錢買到大保障

保險e聊站 著

智慧的累積需要思辨，展現則需要行動

　　上次初版已是六年多前，至今保險已有些許變化，像是癌症與長照狀態的定義、實支實付醫療險限買 3+1 張、未滿 15 歲小孩給付喪葬費用等，同時保險 e 聊站做了許多動畫、開發出實用的網站功能，亦考慮到車險的重要性，因此把「車險、動畫、保單健檢系統」加入此書，希望能降低大家對保險的恐懼，定期審視自己的保險。

　　書中內容主要就保險觀念做重點提醒，然而許多人在整理保單時，又會陷入許多商品和密密麻麻的條款泥沼中而卻步，為了克服這問題，我們花費了大量的人力與時間，開發出可整合「既有」與「欲買」的保單系統，能得知保費趨勢外，透過「醫療、重症癌症、失能、身故」等風險，可輕鬆了解保障缺口，條款也分門別類整理好，在特定的風險事故中，就可以看到不同商品的相關條款。有了這套系統，大家可以一邊看書，一邊透過系統整理、審視自身保單，相信會更有感，更容易了解保險。

　　保險是一個好的制度，利用可接受的保費來分擔難以獨自承受的風險。然而，當保險有規模、商業化之後，就必須面臨不得不面對的利益問題，「保險公司會鼓勵業務銷售保費便宜、保障很大的商品嗎？」說真的，我們也有遇到不計個人得失，真心為保戶規劃保險的「佛心」業務，但在公司考績與家人生活的雙重壓力下，能堅持下來真不容易。

先問問自己，「在沒達到業績要被開除的當下，是否會堅持銷售對保戶好，但佣金很少的商品呢？」另外，公司以營利為目的，許多公司教育業務是以業績導向，並非以保戶保障極大化為目標，在這樣的環境下，若業務沒思考清楚，就容易做出對保戶、甚至家人朋友的錯誤保險規劃。

在學習的過程中，儘可能了解不同的意見與觀點，優缺點各是如何，思辨、消化過後的知識才是真正屬於自己的，正所謂盡信書不如無書（當然也包括這本），學習之後則要付諸行動，運用到日常生活中（如定期審視保險），才不枉費先前的努力。

希望網站能讓保戶與業務達到雙贏，保戶有了對的保險規劃，好業務能被大家所看見，而這本書可以讓更多人認識保險，有不一樣的保險思維。非常歡迎各位一同交流與討論，期盼我們十年的努力，能對大家有所幫助。

黃仕宏

2023 年 4 月，於桃園

一個人的價值不在於賺了多少錢，
而是多少人因你而受惠

讓我體會到保險的重要，是我的母親。

2010 年初，母親的左腦裡發現惡性腫瘤，「剩沒幾年」醫生這麼告訴我。資產的多寡會影響治療方式，所以母親進行手術時，我在外面翻著保單，試圖了解有多少保障，思考如何給老媽適切的治療，陪著她走下去。

這是我人生第一次「真正」的接觸保險。

和許多人一樣，即便買了保險，對自己的保障卻不清楚，等到事情發生後，才體認到保險的重要，卻為時已晚。

話說回來，想要了解保險，老實說並不容易。「保險」是一門學問，但並非是一般人茶餘飯後的話題，唯有當保險業務在銷售商品時，才有機會一窺保險的大門。

然而，保險真的只是「商品」嗎？對我來說，保險是救命的工具，不只關係到一個人，影響的層面是家庭，甚至一整個家族。在治療後期，母親不符合標靶藥的健保條件而需自費，一個月高達十多萬的醫療、看護費用，是個沉重的負擔，但為了改善她的病情，都有了賣房的準備。

保險的重要性，其實不亞於買房、買車，稍有不慎，瞬間就反轉了自己的未來，但我們真的有在保險規劃上用心嗎？

保險業務員的專業與價值，是根據保戶需求給予適切的保障。光是一位業務員，其保險規劃就足以影響上百個家庭，這也代表業務有著安定社會的力量！

保戶也要了解保險，才能明確告訴業務自己的需求，希望透過什麼方式解決，而不是全由業務員決定。每個人的需求與想法不同，如果房子、車子不是由業務決定，那為什麼自己的未來要交給業務來決定呢？

母親抗癌的過程中是辛苦的，因為腦瘤的緣故，喪失了語言與右側肢體能力，但遇到重病的朋友，她還是嘗試用肢體語言來安慰她們。母親是市場小販，錢雖然賺得不多，但她是那樣的堅強、樂於助人，真心為大家好的一個人，我很以母親為榮。

或許是因為這段刻骨銘心的過程，「告訴大家該如何買對保險」就成了我最想做的事。如同母親守護我一般，集結大家的力量照顧到每個人，這才是保險的真諦。希望這本書能幫助到一些想了解保險的朋友，並以此書來紀念我的母親，張淑貞女士。

黃仕宏

2016 年 10 月，於桃園

目錄

I. 為何要買保險？

II. 該怎麼買保險？

險種說明

定期險與終身險

| 目錄

III. 實戰演練

為何要買保險？

I

- 環境變化保險日趨重要
- 無法承擔問題交給保險
- 了解問題才能買對保險

環境變化
保險日趨重要

罹癌人數屢破新高，但健保自費機會卻又增加，
外在環境的變化，保險顯得愈來愈重要。

🐭 罹癌人數逐年增多

根據統計，2003 年的初次罹癌人數約 6 萬，人數逐年成長，至 2020 年初次罹癌人數，已突破 12 萬大關。隨著醫學進步，癌症存活率、治癒率有所提升，但伴隨而來的高額醫療費用，卻也讓家屬喘不過氣來。

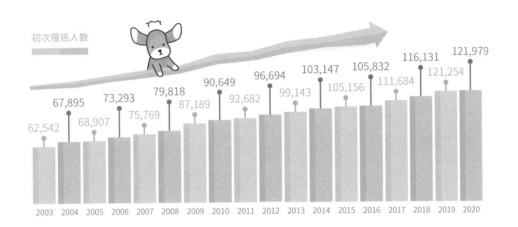

初次罹癌人數

年份	人數
2003	62,542
2004	67,895
2005	68,907
2006	73,293
2007	75,769
2008	79,818
2009	87,189
2010	90,649
2011	92,682
2012	96,694
2013	99,143
2014	103,147
2015	105,156
2016	105,832
2017	111,684
2018	116,131
2019	121,254
2020	121,979

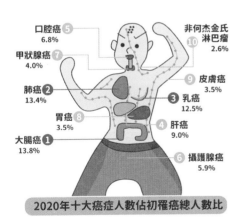

口腔癌 ❺ 6.8%
甲狀腺癌 ❼ 4.0%
肺癌 ❷ 13.4%
胃癌 ❽ 3.5%
大腸癌 ❶ 13.8%
非何杰金氏淋巴瘤 ❿ 2.6%
皮膚癌 ❾ 3.5%
乳癌 ❸ 12.5%
肝癌 ❹ 9.0%
攝護腺癌 ❻ 5.9%

2020年十大癌症人數佔初罹癌總人數比

2020 年的初罹癌人數有 121,979 人，平均每 4 分 19 秒就有一人罹癌，是否很驚人呢？罹癌除了造成身體上的痛苦之外，經濟上的負擔也是很可怕的。下面介紹癌症的主要治療方式，並以人數最多的大腸癌為例，讓大家對癌症花費有初步的了解。

癌症治療

癌症治療方式不只一種,通常會依據病患的狀況,搭配數種方式治療,如標靶藥物合併化療,或手術輔以放療,常見的有:

手術切除

將癌細胞腫瘤與可能擴散的部位一同切除,如乳癌患者的乳房全切除手術。

放射線治療

利用具穿透力的光束照射腫瘤細胞,使其萎縮、消滅,但同時會影響正常細胞,可能有疲倦、無力、食慾不佳等副作用。

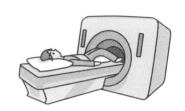

化學治療

使用化學製成的藥物或注射劑,阻斷癌細胞分裂、繁殖,但亦可能影響正常細胞的生理功能,產生如掉髮、口腔潰瘍、嘔吐等等的副作用。

標靶藥物

可針對癌細胞進行攻擊,如切斷癌細胞增生之訊息傳遞路徑,使其萎縮、抑制腫瘤轉移等,對病患身體負擔較小。

治療費用

癌症治療費用,會隨著癌症種類、期別、治療方式的差異而有所不同。以「大腸癌」為例,介紹可能的治療費用:

手術切除

目前的大腸癌手術,有傳統開腹手術與微創腹腔鏡手術。若要採取新式的腹腔鏡手術,則須自費約 3 ～ 10 萬元不等。達文西手術的費用甚至高達 20 ～ 30 萬元。

放射線治療

對於不能完全切除或有局部轉移的病例，適當放療有抑制局部再發的作用。

目前有許多的放療技術，根據儀器與治療部位的差異，費用也有不同，如質子刀療程可能高達 30 萬以上。

化學治療

分為口服與注射兩種，費用可能高達 10 ～ 20 萬元。若採針劑化療，除了化療藥，還可能需要住院、搭配其他藥物等，又是另一筆開銷。

標靶藥物

大腸癌常用的標靶藥物「癌思停（Avastin）」及「爾必得舒（Erbitux）」，健保已有條件給付，但若不符合條件，每個月須自費 10 ～ 15 萬元。

住院病房

健保病床一位難求，若選擇差額住院，雙人房一天約 1,500 ～ 3,000 元；單人房 3,000 ～ 5,000 元不等。住院天數不定，針劑化療一次可能需住院三天，手術則可能要五到十五天。

其他費用

若需請外籍看護協助，一個月約需 3 萬元；為了減輕治療的副作用，會適時使用如止吐針、營養品的輔助藥物；另外還有術後醫療器材費、醫院往返的交通費、薪資損失等等，都是不小的開銷。

雖說正常飲食、規律運動可降低癌症發生率，但沒人敢保證絕不會罹癌。若不幸罹癌，每月高達 10 萬以上的治療費用是很常見的，平常就應思考該如何準備？自己是否能負擔這些費用？

健保自費機會增加

病人：「身體還不舒服，為什麼今天就要出院？」

醫院：「根據統計資料與病況，你只能住兩天！」

DRGs 制度的實施，上述情形可能發生在我們身上，需瞭解 DRGs 帶來的影響，才能做好因應對策。

什麼是 DRGs

全名為診斷關聯群，為健保的支付制度。根據臨床醫學，將同類疾病歸為一組，再將病患的狀況進行分組（如年齡、性別、併發症、出院狀況等），針對這些不同的群組採定額方式，呈現一病一價的給付狀況，藉此減少不必要的醫療支出，控管整體醫療費用。

可能的影響

住院天數下降

DRGs 從 2010 年開始導入，根據健保署統計資料，單次住院平均天數，2009 年為 9.19 天，2021 年為 8.88 天，住院的平均天數下降。

門診醫療變多

根據 2019 年的全民健康保險統計動向，門診醫療的費用申報，相較於 2009 年增加 52.7%，門診醫療確實逐年增加。

自費機會變多

由於 DRGs 採同病同酬，若使用新式的藥品、醫材，自費的機會很大。

以「達文西手術」為例，是醫生遠端控制機械手臂，取代手持內視鏡及手術器械的新式手術，依手術不同，約需 20 ～ 30 萬元以上。

癌症的一些新式療法也可能要自費，例如利用各種方法活化免疫細胞，讓免疫細胞能成功辨識並殺死癌細胞的「免疫療法」，治療費用破百萬是很常見的。

DRGs 制度的實施，可能帶來前述影響，隨著醫療費用逐漸上升，「自費」的問題會更嚴重，這些都會影響到保險規劃，建議以一次給付型保險、實支型醫療險為主要考量。

🚏 體況不佳難買保險

「趁身體健康時，趕快規劃保險」這你一定聽過。許多人在身體不好後，才體會到保險的重要性，但由於體況不佳，買保險可能面臨被拒保、批註除外、加費承保等情形，花更多的錢卻只有較少的保障。

已在疾病不在保險範圍內

　　保險所提供的保障，並不包含投保前即有的病症（已在疾病），罹癌後即便可投保，其癌症仍不在保障範圍內。

　　保險法提到，保險契約訂立時，被保險人已在疾病或妊娠情況中者，保險公司對其疾病或分娩，是可不理賠的。

加費或批註除外

　　雖然身體不好，但狀況尚可接受，保險公司就可能以「加費承保」或是「批註除外」承保。

　　例如原先 1,000 元的保費，因體況不好而「加費」為 1,500 元；或是原先的疾病只有「子宮頸」，但將「整個子宮」都「批註除外」來限縮保

障範圍，因此要注意是否合理，避免日後發生爭議。

memo 免體檢仍要誠實告知 ➡ 283頁

看動畫懂保險

為什麼同一個保險，我的保障卻比別人少？！

拒保

當身體狀況非常不好，保險公司就會拒保，若不幸發生事故或生病，只能靠自己承擔。

許多人以為買到保險就一定賠！特別是加費承保後，就以為只要生病就會賠，這觀念是錯誤的！所以在身體健康時，趁早規劃保險才是上策。

無法承擔問題
交給保險

保險能適時給予經濟上的援助，但買保險是
有成本的，應優先將大問題交給保險來承擔。

錢非萬能但沒錢萬萬不能

「若我治好的機會不高，就別花很多錢來救我了……」愈接近生命的終點，許多長輩會貼心告訴晚輩這一類的話，但在這之前，有沒有可能遇到「有機會可以治好，但治療費用很高」的情形呢？

多數人對個人生死置之度外，卻心繫家人安危，只要有一定的機率可以治癒，不管要花多少錢，都願意竭盡所能，也因此，賣屋、兼職籌醫藥費的例子時有所聞，而這也是最令人感到為難與痛苦的時候……

「救還是不救呢？」若經濟無虞，那一定救，但多數人面對數十萬的醫藥費，通常只能陷入「有心無力」的無奈。

每個人都要「照顧好自己身體，同時做好風險控管」，才不會因為沒錢而放棄治療。若把這難題留給家人決定，最後因經濟因素而放棄，多少都會在家人心底留下不可磨滅的傷痕與遺憾。

可承擔風險靠自己

相信大家都有買樂透的經驗，夢想能成為億萬富翁。保險不希望「中獎」，但也想用小錢換到大保障。試問你定期買樂透，20 年共花了 40 萬，最後得到的總獎金是 30 萬，那麼你還會買嗎？

保險有成本

任何保險都有成本，本來就要衡量保費和保障之間的關係。以刮刮樂來說，假若一張要 2,000 元（保費），但最大獎是 1 萬元（保障），你會買嗎？中 1 萬元對生活不會有多少改變，但花費成本很高。同樣

地，若繳了 40 萬保費，在年紀大時要住院 200 天才划得來，那麼就要思考成本是否過高。

可承擔風險靠自己

如果因為高保費低保障而不保險，發生事情怎麼辦？「當然自己賠啊！」若可以付出 40 萬保費，那麼一天 2,000 元的住院「補助」又算什麼？不如把錢省下來，自己賠自己還比較實在。

保險分攤大風險

保險的概念是「風險分攤」，面對意外事故，透過保險將災害的影響降至最低，因此要思考「什麼事情衝擊最大而且是無法承受的」。

保費預算有限，因此更需要評估「哪些情形需要買保險，而哪些自己可以承擔」。大家可針對大風險，購買「低保費高保障」的保險來保障自己！

🚏 大風險靠保險

日常生活中充滿了風險，如車禍、火災、地震、颱風等意外事故，或是感冒、發燒、腦中風、癌症等疾病，然而風險有大小之分，到底人的一生中什麼是大風險，需要優先購買保險呢？

重大失能

人最擔心的是重大失能，完全喪失工作能力，不只無法提供收入，還留給家人沉重的負擔。重大失能可能拖垮整個家庭，因此要列為首要考量。

身故

身故會將自己應負的責任，轉由其他家人負擔，如房貸、車貸、生活費、教育費，費用可能達數百萬。經濟支柱身故而失去收入，足以讓家庭陷入困境，因此，需針對身故風險提出解決方法。

重大疾病

以癌症為例，不光是高額醫療費、長期的看護費，還有因治療而無法工作的薪資損失，都是非常可觀的。

看動畫懂保險

到底什麼樣的風險需要保險？

不可能透過保險解決人生的所有風險。須將風險依輕重緩急依序列出，針對無法承擔的風險，必須優先思考出應變辦法。

了解問題
才能買對保險

死　殘　病　老

買保險之前，應先了解面臨的問題為何，

才能買對保險，給自己充足的保障。

◈ 了解問題滿足需求

一直喊著要買手機，不知如何跟銷售人員溝通，只好盲目指定要買廣告中的產品，直到要使用時才發現買到平板……

若將「手機」換成「保險」，是不是有似曾相識的感覺呢？

　　將手機買成平板沒關係，還有機會更換，但若買錯的是「保險」，發生事情後才知道買錯，就真的回不去了！如果你是「日用品會比價，研究數個月才買車」的人，那對於一繳數年，總繳保費高達百萬的「保險」，為什麼不多花點心力去瞭解呢？

　　潘潘看到江大哥因故失能，靠保險渡過困境，因此有了投保的念頭，但他實在是懶得研究，於是請來保險業務員規劃。數月後，潘潘參加自行車比賽發生意外，正慶幸前一陣子剛好買了保險，卻被告知無法理賠……

自己才了解需求

　　買保險跟買東西一樣，說出自己的需求，別人才能給予協助，否則自己只能被動地接受對方的規劃。以潘潘來說，他希望買的是「低保費高

保障」的保險，但因為無法精確提出需求，以致買到「高保費低保障」的商品。

每個人的考量點不同，必須清楚各險種特性，才能做出適切的決定。以意外險來說，要選擇「保費低但無保證續保」，還是「保費高但有保證續保」的意外險，就需在預算與保證續保之間做衡量。

避免資訊落差

業務員通常僅就自家商品說明，因此可能無法瞭解到各險種特性，或是保戶無法在短短的幾次面談中理解，就容易產生資訊落差。

以江大哥失能為例，醫療費是由實支型醫療險轉嫁，後續在家休養花費是靠失能險，但潘潘從沒聽過失能險，只知道有終身日額型醫療險，住院才能賠。由此可知，瞭解保險能減少資訊落差，有助於選到適合自己的保險商品。

清楚保障特性與限制條件

保險是白紙黑字的契約，但在簽約當下很難一一說明，因此，親自瞭解契約所載的保障及限制，才是對自己負責的態度。

以潘潘來說，參加比賽前，以為有意外險就有保障，卻不知「自由車競賽」是意外險的除外責任，所以保險公司可以不賠。

無論哪個行業，皆無法排除黑心商品、業務的可能，特別是保險，買的是摸不著也看不到的未來保障，唯有了解保險，才能真正保護自己。

👤 人生四大問題：死殘病老

想透過保險做好準備，就必須先瞭解問題，才能選對險種、解決問題。

壽險

若擔心身故後，身上的責任重擔（如生活費、教育費、房貸）會變成家人的負擔，可用「壽險」保障家人的生活。 memo 壽險 ➡ 30 頁

意外險 / 失能險

意外失能的復健、生活費等長期性支出，累積起來是一筆可觀的費用，可透過「意外險」給予保障。若擔心因病失能的部分，就可考慮「失能險」。 memo 意外險 ➡ 50 頁、失能險 ➡ 116 頁

健康險

就醫治療的藥費、手術費，以及出院後的療養、復健，樣樣都要錢，隨著醫療制度的改變，自費狀況只會愈來愈多。這些支出可用「健康險」轉嫁，避免龐大的醫療費、看護費拖垮整個家庭。 memo 健康險 ➡ 64 頁

年金險

現代人平均壽命逐年增長，如何活得久又活得好，是大家關心的話題，而「年金險」是提供生存時的生活保障。 memo 年金險 ➡ 120 頁

看動畫懂保險

面對我擔心的問題，該買哪些險種?!

> 對四大問題與險種雖有了初步的認識，但光知道這些還不夠，像健康險包含了住院醫療險、重大疾病險、長照險等，需進一步了解這當中的差異，才能選對險種，解決問題唷。

🚏 一張圖搞懂生病理賠

當被保險人因身體狀況不佳，衍生出醫療、照護等費用，可由健康險給予補償。依據不同時期、不同給付方式，各險種提供了不同的保障，以下簡略說明這當中的差異。

住院期間醫療費　住院醫療險　傳統型癌症險　一次給付型　失能險

出院後續照顧費　長照險　工作失能險　失能扶助金　重傷險/重疾險 一次給付型癌症險

住院期間醫療費

　　針對住院花費提供保障的保險，主要有「住院醫療險」（又可分日額型及實支型），以及針對癌症的「傳統型癌症險」。

　　在「住院」的前提下，只要符合理賠條件，即可獲得持續性的保障。如傳統型癌症險，因癌症住院接受治療，治療項目符合理賠條件即可獲賠。雖說是持續性保障，但仍需注意給付上限，如日額型醫療險的住院天數限制，以及傳統型癌症險的總額給付限制。

　　有些保險會將門診納入保障範圍，但有條件限制，例如傳統型癌症險的門診，是以放療或化療為主；有些醫療險理賠「住院前後特定天數之內」的門診。 memo 門診 ➡ 76 頁

出院後續照護費

出院後的照護費用，可由「長照險」、「工作失能險」、「失能扶助險」理賠。當符合條款的理賠狀態後，會在特定期間內持續給付，可用來支付每月的看護費、生活費。

一次給付型

一旦符合理賠條件，即給付一筆理賠金，要用在醫療費或照護費皆可。主要險種有「重大傷病險」、「重疾險」、「一次給付型癌症險」、「失能險」等。

由於是一次性給付，保額的估算就非常重要，若保額過低會造成風險缺口，但保額過高又會造成負擔，所以保額要仔細評估。

由於醫療技術進步，治療方式可能隨之改變，因此建議以「一次給付型」險種為優先，理賠金使用較不受限。然而更重要的是，必須了解各險種提供何種保障，所需保額又是多少？這就需要了解問題與自身需求。

🚏 長照費用不可忽視

根據內政部調查，照顧身心障礙者的支出，一年約 24 萬～ 48 萬元不等，依衛福部資料顯示國人平均照護 8 年計算，共需要 192 萬～ 384 萬元，這些費用到底是花在哪？

照護對象

行動不便或有精神、神經障害的人，如車禍後截肢或成為植物人，無法獨自照顧自己時，就需要長期照顧，因此並非只有老年人才有長照需求。

根據衛福部 2022 年統計，身障有 62.5% 是疾病造成，且衛福部推估 2031 年的失能人數，會是 2015 年的 1.7 倍。隨著台灣少子化進入老年化社會，年輕人負擔日趨加重，因此「長期照護」是必須正視的問題。

造成身障的原因		
1	疾病	62.5%
2	先天性	12.4%
3	意外	4.9%
4	交通事故	3.2%
5	職業傷害	2.2%

照護支出

專人照護

不含伙食費，光是居家照護，外籍看護每月約 2.5 萬元，本國看護需 6 萬元左右；機構式照護，每月約 2.5 ～ 6 萬元不等。

長期照護常見的支出		
專人照護	居家-外國籍	2.5萬元/月
	居家-本國籍	6萬元/月
	機構式照護	2.5~6萬元/月
住宿設備	電動床	2~7萬元
	氣墊床	1萬元
	輪椅	數千~數萬元
	防滑地磚、扶手等	費用不等
生活雜費	管灌食物、尿布等	2萬元/月
	復康巴士	費用不等

住宿設備

為了給家人適切的照顧，可在家中增添或改裝設備，像電動床和氣墊床，各約 2 ～ 7 萬元和 1 萬元左右。可能還需要防滑地磚、扶手、無障礙坡道、降板浴缸等等。

日常生活雜費

依不同需求會有不同的復健或醫材支出，如氣切病患、裝置鼻胃管或無法方便如廁的患者，便需要如氧氣瓶、管灌食物、尿布，保守估計每月需 2 萬元左右。

> 長期照護是非常沉重的負擔，然而要面臨的問題何其多，如癌症、身故、退休等狀況都是要考慮的，因此必須依據人生階段與經濟狀況，給予不同的保險規劃建議。

✛ 不同規劃影響人生甚鉅

同樣的預算，不同的保險規劃，在風險來臨時，結果可是天差地遠的！拿出你的保單，看看你的規劃屬於哪一種，想像一下，在下面的情境中，你是否能安然渡過危機呢？

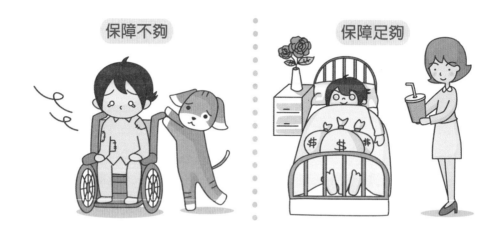

保障不夠　　　　　　　　　保障足夠

險種規劃

常見規劃		定期規劃	
終身壽險	50萬	壽險	500萬
定期壽險	50萬	意外險	500萬
意外險	100萬	重疾險	300萬
終身癌症險	罹癌10萬	住院實支	20萬x2
終身日額醫療	1,000/日	失能險	300萬
住院實支	6萬	失能扶助險	3萬/月

　　以30歲男與老婆育有一女為例，房貸約300萬，一年不含房貸的日常開銷約60萬，兩個保險規劃的保費相近。

風險承擔

意外失能／十指缺失三級失能

▸ **常見規劃**：意外險理賠 100 萬 × 80%，給付 80 萬元。

▸ **定期規劃**：意外險理賠 500 萬 × 80%，及失能險理賠 300 萬 × 80%，共可領 640 萬元，失能扶助險每月亦可領 3 萬元。

發生意外導致十指缺失，屬失能等級表的三級失能（理賠比例 80%），預估五年學習新技能後回到職場，重點在這段時間的生活費是否足夠？五年的緩衝期，家庭開銷為 300 萬元。

◉ 常見規劃仍需補足 220 萬才能維持以往生活，而定期規劃可維持生活外，還留存約 520 萬

疾病失能／腦中風二級失能

▸ **常見規劃**：住院醫療費用可靠住院實支轉嫁外，後續的照護費未有保障。

▸ **定期規劃**：符合重疾險的腦中風定義，獲賠 300 萬元，另外因屬失能等級表的二級失能（90%），失能險理賠 300 萬 × 90％＝270 萬，失能扶助險每月 3 萬元。

若因疾病發生腦中風，導致下半身機能永久喪失，著重在看護費用，每月約 4 萬元，五年共需 240 萬。

◉ 常見規劃需支付 240 萬，而定期規劃會留存 510 萬。

癌症標靶／門診施打

▶ **常見規劃：**傳統癌症險的初次罹癌金 10 萬元。每週需至門診施打標靶藥，一個月的癌症門診治療保險金約可給付 2,400 元。

▶ **定期規劃：**只要符合罹癌條件，重疾險一次給付 300 萬元。

罹癌花費多，特別是標靶藥物，以治療大腸癌的「爾必得舒」來說，每月約 15 萬元，藥物為注射型態，門診施打即可，因此，以住院為要件的醫療險，較難保障到這一塊，而傳統癌症險可能包含門診，但理賠金額通常不高。標靶藥治療半年，醫藥費約 90 萬。

◉ 常見規劃扣除理賠金約 11 萬之後，仍需支付 79 萬，而定期規劃還剩約 210 萬可供治療。

看動畫懂保險

保險規劃超重要！出事才看保了什麼？來不及啦！

高額住院雜費／重症肌無力

▶ **常見規劃：**三次住院共 15 天，日額醫療理賠約 1 萬 5，加上實支理賠 18 萬，共理賠 19 萬 5 千元。

▶ **定期規劃：**兩個 20 萬雜費限額的實支，三次住院共理賠 120 萬。

罹患重症肌無力，若先不考慮看護費及未來持續住院情形，單就醫療費而言，若一年治療三次，每次住五天健保房、藥品費 30 萬元，三次花費共 90 萬，兩者給予的保障分別是？

◉ 常見規劃仍需支付 70 萬 5 千元，而定期規劃尚餘 30 萬元。

身故／意外與非意外

▶ **常見規劃：壽險給付 100 萬元，若為意外，另有意外險給付 100 萬元。**

▶ **定期規劃：壽險給付 500 萬元，若為意外，另有意外險給付 500 萬元。**

若剛買房子就身故，貸款仍有 300 萬，那麼留給家人的保障是多少呢？一年日常開銷約 60 萬。

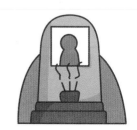

若「非意外」身故：

◉ 常見規劃還留下 200 萬房貸，定期規劃還完房貸還有 200 萬，可供妻女渡過至少三年緩衝期。

若為「意外」身故：

◉ 常見規劃還留下 100 萬房貸，定期規劃則還有 700 萬，可供妻女渡過至少十年緩衝期。

同樣的預算，規劃的保障內容差異甚大，遇到風險後的結果也差很多，是吧！準備好了嗎？有了上述對保險的應有基本概念，接下來要進入保險的核心，教你認識不同險種，和所需注意事項囉，Let's Go！

該怎麼買保險？

Ⅱ

- 險種說明
- 定期險與終身險
- 保險規劃

壽險

避免因身故或完全失能，而讓家人背負重擔，可購買壽險，好維持家人的日常生活。

🪧 從關鍵字認識壽險

藉由利率、保額、分紅、保費四大方向來認識壽險,可從保單名稱大致了解商品特性。

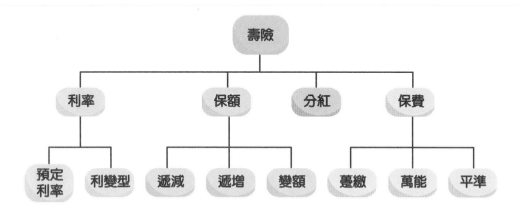

利率

保險公司利用保費投資會有預定的收益,而給保戶的固定利率,就稱為「預定利率」。若保單利率會隨著「宣告利率」變化,就稱為「利率變動型」。

保險額度

保單名稱有「遞增」、「遞減」,通常是為了抵抗通膨而增加保額,或隨房貸額度減少保額而有的設計。投資型保險的名稱上常看到「變額」,代表保額會隨著投資績效而有所變動。 memo 投資型保險 ➡ 126 頁

分紅

若保單有盈餘而會分配紅利給保戶,則為「分紅保單」,反之為「不分紅保單」。 memo 分紅保單 ➡ 35 頁

保費

　除了常見的年繳、半年繳、季繳、月繳之外，另有一次繳清的「躉繳型」壽險。

　一般來說，保費會於固定期間，如每年、每月按時繳納，但「萬能」壽險的繳費時間、金額皆為彈性。

　若繳費期間內的保費金額固定不變，即為「平準型」。不限於壽險，許多終身、還本型保險亦有此特性。 memo 自然與平準費率 ➡ 169 頁

預定利率與宣告利率

預定利率

為保險公司利用保費的投資收益，預計分配給保戶的利率。預定利率為「固定值」，與所繳保費成反比關係，即預定利率越高的保單，所繳保費越低。

除了預定利率，保費會加計預定死亡率、預定費用率，因此不能單以預定利率，當作保單的「投資報酬率」。

看動畫懂保險

聽說保費又要漲？！
究竟是怎麼算的？

預定利率不會因保險公司的投資狀況而改變。有些保單上會記載預定利率，若無可電洽客服詢問唷！

宣告利率

同樣是保險公司的投資報酬率，與預定利率不同的是，宣告利率會於每年或每月宣告一次，因此是「變動值」，可見於利率變動型的保險商品裡。

宣告利率可至保險公司官網查詢。如某保單在 2022 年 1 月的宣告利率為 2.7%，同年 10 月的宣告利率為 3.1%，有增長的趨勢。

memo 怎麼算內部報酬率 (IRR) ➡ 41 頁

無論是預定利率或宣告利率，都是保險公司的投資報酬率，並非一般所稱的內部報酬率（IRR）。內部報酬率是指，所繳保費在特定條件或時間下可獲得金額的報酬率。

🚏 房貸型壽險

為了避免身故後繳不起貸款，導致房子被收回，家庭成員流離失所，可考慮房貸型壽險。當被保險人身故時，保險公司會把身故理賠金交給銀行，代被保險人償還剩餘房貸。

保障額度

分為每年固定保額的「平準型」，以及逐年減少的「遞減型」。舉例來說，阿明房貸為 500 萬，投保平準型的 500 萬房貸型壽險，不論還清多少房貸，保額一律是 500 萬；若是遞減型，保額會依房貸金額逐年遞減，遞減的額度大多是固定的。

要保人

過去強制規定房貸型壽險的要保人為金融機構（如：銀行、農會），由於要保人負有變更保單內容的權益，因此金管會於 2012 年要求，新型的房貸型壽險，要保人得與被保險人相同，不再強制金融機構為要保人。

被保險人

由於與房貸相關，所以被保險人為核准房貸的客戶。

受益人

房貸型壽險是避免被保險人發生事故而無法繳納房貸，所以，受益人的第一順位，通常是核准房貸的金融機構，以保障其債權。

與定期壽險類似，差別在於房貸型壽險特別針對房貸風險。在辦理房貸時搭配房貸型壽險，有些金融機構會給予較優惠的利率。

memo 要保人、被保險人、受益人 ➡ 243 頁

房貸型壽險的保障項目，有些還包含意外傷害、重大疾病等，需注意房貸型壽險到期，這些相關保障是否會跟著不見而出現風險缺口。

🚏 分紅保單

分紅保單的紅利，是依據保險公司經營的績效分配而來的。當保單有盈餘，則會依獲利狀況分配紅利。

分紅保單的紅利給付方式，有下列四種。 memo 分紅保單不保證分紅 ➡ 44 頁

以「分紅終身壽險」發放 1,000 元紅利為例，依給付方式介紹如下：

現金給付

保險公司應主動以現金給付，若未按時給付且可歸責於保險公司者，應按年利率 10% 加計利息給付。

⊙ 領取 1,000 元現金。

購買增額繳清保險

以紅利購買保險，增加原保單的保額。

⊙ 用 1,000 元購買保險，保額增加 1 萬，原先 100 萬保額變為 101 萬。

儲存生息

紅利採年複利方式生息，當要保人請求、契約滿期、被保險人身故、失能或契約終止時，由公司一併給付。

⊙ 1,000 元以年複利方式生息，符合條件時領出。

抵繳保費

以紅利扣抵下一期應繳的保費。若繳費期已滿仍為有效契約時，要保人未通知期滿後的紅利給付方式，則以「儲存生息」給付。

⊙ 原先保費為 37,000 元，以紅利扣抵保費，下期保費只須繳納 36,000 元。

上述是根據「人壽保險單示範條款」內容介紹，並非每張分紅保單都有這四種方式可以選擇，實際仍依保單所載。

這些分紅方式又稱為「美式分紅保單」，而另一種「英式分紅保單」只能增加保額，保戶不得選擇。舉例來說，若每年紅利為保額的 1%，第一年保額為 100 萬，第二年保額會變成 101 萬（100 萬 × 1.01），第三年保額為 102 萬 100 元（101 萬 × 1.01）。

人壽保單的相關文件，如保單頁面、條款、要保書等等，依規定都需列明是否為分紅保單，紅利給付條件與方式，在銷售時就得載明。

⛳ 優體保單

隔壁小王吸菸不運動，又常熬夜打電動，而我生活規律，每天早起晨跑也從不吸菸，照理說我會比小王晚一點去找上帝，為何我要和小王付一樣的保費？

核保會對被保險人的身體狀況及職業進行審查，可分為三種：標準體、次標準體、拒保體。

有保險公司針對體況較佳的保戶，推出保費比一般標準體便宜的「優體保單」。

看動畫懂保險

能讓身體越來越健康,生活習慣變好的外溢保單?!

除了要符合標準體與規定的投保年齡外，還需依被保險人的抽煙情形做核定。保險公司對優體的檢測標準都不同，依各家保險公司而定。

體況佳且有壽險需求的保戶，可將優體保單列為考量，雖然程序上會比較麻煩（可能要做體檢、血液、血糖、尼古丁等測試），但享有較低的保費優惠唷。

🪧 規劃重點

壽險規劃首要考慮「身故對家人造成的衝擊為何？」家庭責任越重的人，對於壽險「額度」的需求也應越高。

根據統計，2021 年的壽險業者身故給付 1358.59 億多元，給付人數 18 萬人，平均一人的身故給付只有 57 萬元。2019 年到 2020 年，平均身故給付也都落在 57 萬元上下。

就主計總處資料來看，2021 年每戶平均消費支出為 81.5 萬元，若家中的經濟支柱不幸身故，只賠 57 萬元是明顯不足的。

壽險額度估算

◉ 保額 ＝ 自身負債 ＋ 家人年支出 × 預留年數

估算時可將下列項目列入考量：

❶ 自身負債

▶ 房貸

▶ 車貸

❷ 家人支出

▶ 孝親費

▶ 教育費

▶ 日常生活費

 壽險需求會隨著人生不同階段而有所變動，若家庭責任逐漸減少，可適時調降保額，減輕保費負擔唷！

🚦 除外責任

壽險不限意外或疾病，只要是身故或完全失能即會理賠，但在某些情況下，保險公司是不賠的。

以下根據「人壽保險單示範條款」的除外責任說明。

要保人故意致被保險人於死

當兒子為要保人，以父親為被保險人投保壽險，若兒子為還債而動手弒父時，保險公司可拒賠。

被保險人故意自成失能或兩年內故意自殺

根據除外條款「被保險人故意自殺或自成失能。但自契約訂立或復效之日起二年後故意自殺致死者，本公司仍負給付身故保險金或喪葬費用保險金之責任。」

若 2021 年小天以自己為被保險人投保壽險，隔年小天自殺，保險公司可拒賠。

被保險人因犯罪處死或拒捕或越獄致死或失能

被保險人被判死刑、逮捕時抵抗或越獄，在過程中死亡或失能，保險公司可拒賠。

> **受益人故意致被保險人於死或雖未致死時，喪失其受益權**
>
> 父親以自己為被保險人投保 300 萬壽險，受益人為妻子及兒子各 50%。當兒子弒父，兒子便喪失受益權，300 萬全歸妻子。

壽險的除外責任，多為避免道德風險。保險應用於正當行為，不該暗藏禍心！

💰買儲蓄險前必知四件事

俗稱的儲蓄險通常為「滿期一次領回」、「每幾年領生存金」的生死合險，有生前儲蓄、死後保障家人的概念。許多人想逼自己儲蓄而買儲蓄險，本是美事一椿，但買之前有些事一定要知道！

必知四件事

提前解約損失本金

　　儲蓄險提前解約會損失本金，因此要考量到資金的流動性。在六年甚至長達二十年的繳費期中，要確定不會使用這筆錢，才不會損失本金。

利率變化

　　儲蓄險的投資報酬率可能略高於「目前」的定存利率，購買儲蓄險雖能鎖利，但不表示市場利率沒有走高的可能，因此未來的利率變化也需要考慮進去。

> **外幣儲蓄險**
>
> 需注意匯率風險，在購買與領回時，會產生匯差。

保障低儲蓄比重高

　　若拿「年繳 163,000 元，共繳六年，壽險保障 100 萬的儲蓄險」，與「買六年 100 萬定期壽險，並拿剩餘金額定存」來看，兩者有什麼差異呢？（以郵局某商品為例）

	儲蓄險		銀行定存	定期壽險
年保費	無折扣	轉帳1%	160,000	3,000
	163,000	161,370		
保　障	100萬		-	100萬
年利率	0.635%	0.924%	1.355%	-
利　息	22,000	31,780	46,570	-
滿期金	1,000,000		1,006,570	-

　　由表可知兩者差異不大，左列儲蓄險的保費多用於儲蓄，保障成份較低，而右列是把銀行定存加上定期壽險，為另一種思考的方向！

親算儲蓄險利率

「年繳 162,800 元，六年共繳 976,800 元，最後拿回 100 萬，利息是多少呢？」

很多人以為儲蓄險利率是以下列公式計算：

（領回保費－總繳保費）／ 總繳保費

而得出 2.3%，利息似乎比銀行定存高，但實際上不是這樣算的。

複利的計算是複雜的，但可利用 EXCEL 製作 IRR（內部報酬率）表格，或是透過儲蓄險計算機，輸入每年的保費、生存金、解約金、滿期金，即可算出年利率為何。

以上述年繳 162,800 元的儲蓄險為例，利用 IRR 計算所得出的年利率是 0.67%，才是真正的儲蓄險利率。

看動畫懂保險

儲蓄險利率，到底要怎麼算啊？！

儲蓄險計算機

先用一個簡單的例子來幫助大家理解，若你將 100 萬存入年利率 2% 的銀行定存，滿三年後贖回的金額會是？

儲蓄險計算機

- ▶ **第一年末是** $1{,}000{,}000 \times (1+2\%) = 1{,}020{,}000$ **元**
- ▶ **第二年末是** $1{,}020{,}000 \times (1+2\%) = 1{,}040{,}400$ **元**
- ▶ **第三年末是** $1{,}040{,}400 \times (1+2\%) = 1{,}061{,}208$ **元**

滿三年後可以拿回的金額為 1,061,208 元，扣除原先的 100 萬，淨報酬（利息）為 61,208 元。

針對上面的例子，該如何輸入到儲蓄險 irr 計算機呢？

首先，只有在第一年繳 100 萬，因此繳費年期為 1，年繳保費為

1,000,000 元，想知道滿三年，也就是第三年末拿回 1,061,208 元的內部報酬率（即年化報酬率）是多少，就輸入算到第 3 年，領回 1,061,208 元即可。

系統計算後的結果為，總繳金額 1,000,000 元，淨報酬 61,208 元，內部報酬率為符合預期的 2%。

也就是說，只要輸入每年的金流狀況，如年繳保費、生存金、解約金，系統就可以幫我們算出內部報酬率。由於不是每個商品都有生存金的設計，為了簡化介面，一開始並沒有生存金的輸入欄位，而是產生試算表之後，再依商品資訊輸入。

試算資料

繳費年期	年繳保費	想算到第幾年	第 3 年領回金額
1	1000000	3	1061208

產生試算表

年度	年初保費	生存金	解約金/滿期金	IRR
1	1000000			-
2	0			-
3	0		1061208	2.00%

總繳金額	最高內部報酬率(IRR) 於第 3 年度末	當年淨報酬 於第 3 年度末
1,000,000	2.00%	61,208

為了資料對應與輸入方便，輸入欄位設計與資料相同，同一個保單年度資料，保費為「年初」，而生存金、解約金皆是「年末」，延續上個例子，若想知道第一年末拿回 1,020,000 元的 IRR，只需在試算表第 1 年的保單年度，依序輸入，保費 1,000,000，解約金 1,020,000 元即可。

下面分別用已購買後的「解約金表」以及尚未購買前的「試算表」當作例子，其中，解約金可以只填想計算的年度，大家可以拿出自己的資料，試著輸入看看喔。

▶ **解約金表**

輸入範例			
年度	年初保費	生存金	解約金
1	1237.6		
2	1237.6	560	
3	1237.6		
4	1237.6	560	
5	1237.6		3353

解約金暨各項保險金額表

(1) 年初保費：保單的保費及繳費年期，通常寫在保單首頁

(3) 解約金　　(2) 生存金

保單年度	保單年度保險金額	年度末解約金	年度末減額繳清保險金額	年度末*生存滿期保險金	年度末展期保險展期年限
1	8,400.00	623.00	348.04		59.82
2	9,800.00	1,449.00	813.40	560.00	80.00
3	11,200.00	1,890.00	1,050.00		79.00
4	12,600.00	2,828.00	1,501.78	560.00	78.00
5	14,000.00	3,353.00	1,753.15		77.00
	15,400.00		2,193.26		76.00

▶ **試算表**

輸入範例			
年度	年初保費	生存金	解約金
1	33304	620	
2	33304	1240	
3	33304	1860	
4	33304	2480	
5	33304	3100	121200

專案試算表

被保人：　　　　保險年齡：36 歲　性別：女

被保險人　　　保險種類　　　險種代碼　保額 20 萬　年繳費

本保件符合保費折扣條件：首、續期繳費方式1%折扣。
主約年繳總保費：33,640 元。首期折扣後保費：33,304 元。續期折扣後保費：33,304 元。

(1) 年初保費　(2) 生存金　　(3) 解約金

年度	保險年齡	年度實繳保費	累積實繳保費	生存保險金	累積已領生存保險金	年度末身故/完全殘廢保險	年度末解約金
1	36	33,304	33,304	620	620	33,640	20,840
2	37	33,304	66,608	1,240	1,860	66,660	45,780
3	38	33,304	99,912	1,860	3,720	99,060	70,820
4	39	33,304	133,216	2,480	6,200	131,260	95,960
5	40	33,304	166,520	3,100	9,300	165,740	121,200
6	41	33,304	199,824	3,720	13,020	200,380	194,640
7	42		199,824	4,400	17,420	201,080	196,680
8	43		199,824	4,400	21,820	201,100	196,700
9	44		199,824	4,400	26,220	201,140	196,740

不用年繳，小心利率被吃掉！

若採「非」年繳方式，保費至少加計4%以上，所以建議採年繳或選擇可「無息分期」的信用卡繳費。

在保障做足的前提下，有筆長期不會動用的閒錢，且儲蓄險利率高於銀行定存許多，才可以考慮儲蓄險。最好是短年期並享有折扣優惠，才能減少上述風險。

🚩 破解儲蓄險話術六心法

「這張儲蓄險只要繳費三年，總繳保費 100 萬，之後每年爽領 5% 生存金。」
聽來著實令人心動，但實際上真是如此嗎？

話術破解六心法

一、只繳三年就擁有終身保障？

你喜歡繳 100 萬賠 100 萬的終身保障嗎？

以某保單為例，身故保險金以「保險金額」、「保單價值準備金」、「應已繳總保費」三者取其大，如果「應已繳總保費」的金額總是最大，等於是拿自己繳的錢賠給自己，根本沒有「保障」的概念。

二、有機會享紅利？

請閉上眼睛，跟著我唸三遍「快去買樂透，有機會中頭獎！」清醒了嗎？分紅保單會載明「保單紅利部分非本保險單之保證給付項目，本公司不保證其給付金額」，也就是紅利不一定有。

分紅保單不保證分紅

若非要買分紅保單不可，請認真瞭解該公司分紅的歷史紀錄，與分紅金額的合理性。

三、每年領回 5%？

是「總繳保費」還是「保額」的 5%？

總繳 100 萬，保額 16 萬，每年領回 8,000 元，真的是領回「保額」的 5%啊！「保險金額」在此意義不大，若保額改為 1.6 萬元，每年領回 8,000元，代表每年可以領回 50% 耶！但實際上年利率只有 0.8%，連 1% 都不到！

四、是生存保險金還是利息？

每年有「生存保險金」可以領，五年後還會加碼耶……

總繳 100 萬保費，前幾年每年領8,000 元，五年後每年領 1 萬，真是好棒棒！

建議購買前先查一下銀行定存利率，將「生存保險金」當成銀行利息，會比較容易理解，以銀行定存利率 1.1% 為例，存 100 萬進去，隔年會有 1.1 萬的利息。

繳3年．總繳100萬．保額16萬

年紀	壽險保額	生存金	解約金
35	333,333	0	186,000
36	666,666	0	405,000
37	1,000,000	8,000	829,000
⋮			
40	1,000,000	10,000	845,000
⋮			
99	1,012,000	0	1,012,000

五、可領回不代表不會損失本金

解約金何時才大於所繳保費？99 歲？沒關係，我會吃到一百二！

請留意保單中的「解約金表」，解約金何時才會高於所繳保費，才不會損失本金。

既然「生存保險金」類似利息的概念，考慮「保本」時就不需把「生

存保險金」納進來，因為那本來就是你會有的利息。有些解約金在繳費期滿就會高於所繳保費，但有些卻要到 99 歲才會高於所繳保費，需多加留意。

六、要幫自己存錢，不然錢都花掉了？！

先別談儲蓄險了，有聽過「存本取息」或「零存整付」嗎？

許多人買儲蓄險是為了「存錢」，如果儲蓄險並沒有比較好，其實可以考慮銀行或郵局的「存本取息」或是「零存整付」。

「存本取息」即一開始存一筆錢，如同生存保險金在固定時間內會給予利息，但本金不受影響；「零存整付」則是定期存入帳戶，滿期後再一口氣領回所有的錢。這兩種方式都能達到強迫存錢的目的，大伙不妨了解看看。

隨堂測驗

某張增額壽險，年繳 126,000 元，繳滿六年即可免繳。若分別在繳費中第四年解約，以及繳費期滿後第七年初解約，其 IRR 各為多少呢？

情況1	第四年解約
累積保費	378,000元
壽險保額	400,000元
保價金	363,000元
解約金	272,000元

情況2	第七年解約
累積保費	756,000元
壽險保額	807,000元
保價金	807,000元
解約金	800,000元

▶ 第四年解約的 IRR 為 -15.6%

▶ 第七年解約的 IRR 為 1.62%

買儲蓄險前掌握幾項大原則：
確認保障足夠、衡量自身繳費能力、親算內部報酬率（IRR）

若保障足夠，清楚儲蓄險的風險後仍決定要買，那就來分享購買時的注意事項，但若發覺已買錯，在此亦給予保單調整的建議方向。

如何選購

解約金越快趨近累積保費者佳

為了存錢而買的儲蓄險，最令人詬病的是「提前解約會損失本金」，因此，解約金愈快趨近於累積所繳保費者愈佳，若不幸半途解約，也能將傷害降到最低。

親算年化報酬率

不要只聽信他人說法，一定要透過 IRR 確認年化報酬率為何。「時間」因素也要納入考量，若前 20 年的 IRR 只有 1% 左右，20 年後 IRR 才可達到 3% 時，便要思考是否適合長年期的商品。

選對繳費方式享折扣

很多人說：「若儲蓄險那麼不好，為何有錢人會買？他們有那麼笨？」因為有錢人的保費是一般人的好幾倍，常會有 1 到 3% 的「高保費折扣」，更何況有錢人是拿閒錢買，一般人卻是拿身家買，狀況自然不同。

可利用信用卡、自動轉帳等方式繳費，會有 1% 左右的折扣。繳費期別也很重要，月繳會比年繳多了 5.6% 保費，如果年繳都繳不起，保費繳

不出來的風險實在太高，把錢留下好好過生活才是不二法門！

memo 選對繳費期別 ➡ 276頁

看動畫懂保險

保障做好想買儲蓄險？
教你怎麼選！

繳到一半如何調整

保單借款

若只是需要資金週轉，或因應保費繳不出來的「短期」需求，可利用保單借款與自動墊繳，但要注意利息的產生。memo 保單借款 ➡ 296頁

減額繳清

若不急著用錢，只是因為報酬率不如預期、保費想移作他用等原因，則可考慮減額繳清。memo 減額繳清 ➡ 293頁

保單解約

保單解約是最不得已的作法，因解約金通常會低於所繳保費。若 IRR 實在太低，如存20年但 IRR 不到1%，考慮到資金的流動性，可考慮解約。

解約金可從保單頁面得知。解約金是基於保價金計算得來，愈早解約，解約金佔保價金的成數就愈低，損失也就愈大！

除了以上方式，還有降低保額（保單部分解約）、展期定期等方法，變更前請多加衡量，將損失降到最低。其實最好的方式，仍是投保前就詳加評估，避免後續不必要的損失。

意外險

因意外事故受傷，甚至死亡、失能，皆可透過意外險來支付緩衝期所需花費。

從關鍵字認識意外險

意外險的正式名稱應為傷害險，用來轉嫁因意外傷害帶來的損害，透過常見的保單名稱，將意外險分類如下。

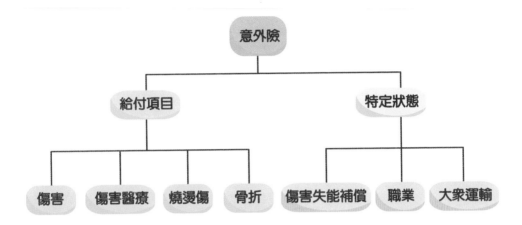

給付項目

傷害

理賠因意外導致的身故或失能，有些保險亦包含傷害醫療、燒燙傷等。

傷害醫療

分為實支型與日額型。實支型包含診所、醫院的門診與住院醫療費用，依實際花費理賠；日額型是理賠住院、手術以及骨折未住院的費用，採定額理賠。

燒燙傷

常見的有符合燒燙傷條件即理賠，及依治療方式（如：燒燙傷病房、植皮手術……等）逐項理賠兩種。

骨折

除了理賠骨折外，有些還包含脫臼、內臟損傷治療等特定手術。

特定狀態

傷害失能補償

因意外失能符合特定的失能級別（如一到六級），會定期（如按月）給付保險金。

職業

因職業引起的意外，常見於團體險。如：團體職業災害保險。

大眾運輸

搭乘特定交通工具，且須在特定期間（如搭乘時）發生意外才能理賠。如：大眾運輸交通工具增額附加條款。

🚦 意外三要件：非疾病、外來、突發

發生意想不到的事情就是意外嗎？這可不一定，在保險中，「意外」有須符合的條件。

◎ 意外須符合三大條件，非疾病、突發性、外來的，也就是「非因疾病所引起的外來突發事故。」

看動畫懂保險
你以為的病不是病？
意外險可以賠？！

以下舉出可能會被判定為「非意外」的例子：

心肌梗塞猝死（因疾病）

以保險公司的角度而言，心肌梗塞為疾病，因此不能視為「意外」。

過勞猝死（非突發）

過勞死有可能被認定為「長期」、「累積」所致，結果可預期而不符合突發狀況，若死者先前已有身體不適紀錄，保險公司更可主張不賠。

作體操自己扭到脖子（非外來）

可能會被歸於自力造成，不符合意外險的外來因素。

實務上仍需依各種主客觀條件判定，非文中例子那麼簡單。許多意外險理賠爭議，多半是「意外認定差異」所致，要特別留意。

意外醫療

若因意外事故需至醫療院所接受治療，可購買意外醫療險，提供持續性保障。

意外醫療

分為日額型以及實支型意外醫療。

▶ **日額型意外醫療**：依住院天數理賠。

▶ **實支型意外醫療**：理賠健保未給付的費用，住院、門診皆可憑收據申請。

骨折未住院

骨折未住院，除了實支型可理賠門診外，日額型也會依骨折部位，折算住院天數理賠。

完全骨折
日額 × $\frac{1}{2}$ × (骨折別日數－已住院天數)

不完全骨折
日額 × $\frac{1}{4}$ × (骨折別日數－已住院天數)

骨折龜裂
日額 × $\frac{1}{8}$ × (骨折別日數－已住院天數)

例如，投保日額型意外醫療 1,000 元，因肋骨完全骨折，住院五天後返家休養。根據骨折未住院天數表，肋骨完全骨折日數為二十天，因此骨折「未住院」理賠金為 1,000 × (1 / 2) × (20 － 5) ＝ 7,500，住院五天理賠 5,000 元，理賠金合計共 12,500 元。

有民眾習慣骨折後到「國術館」或「自行」買中藥調理，但有可能因「不符就醫場所」或「非必要性醫療」而被拒賠，要特別留意。

醫療險不論意外或疾病都會理賠，因此規劃意外醫療時，可將醫療險一併納入考量。

🔥 燒燙傷

燒燙傷除了一開始的清創、植皮等醫療費用外，後續的復健費用更是可觀，雖說費用依受傷程度而有所不同，但嚴重燒燙傷的總體費用可能高達數百萬，不可不慎！

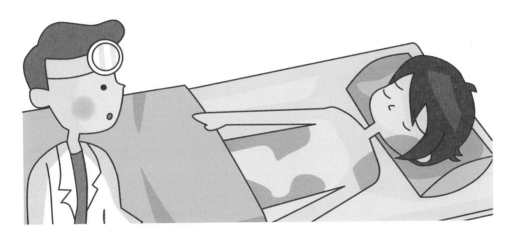

燒燙傷等級

　　燒傷的程度分為輕、中、重度，以深度及面積為判斷依據。深度由輕到重可分為一到四度，在深二度及三度燒傷時，常需要植皮治療；燒傷的面積主要是以二、三度燒傷面積占身體面的百分比計算，通常採九則計算法，需注意成人、孩童、嬰幼兒的計算比例不同唷。

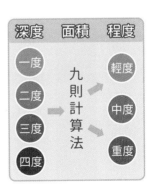

深度	面積	程度
一度		輕度
二度	九則計算法	中度
三度		重度
四度		

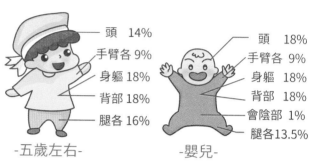

九則計算法

-成人-

- 頭　9%
- 上胸　9%
- 上背　9%
- 手臂各 9%
- 腰部　9%
- 腹部　9%
- 會陰部 1%
- 大腿各 9%
- 小腿各 9%

-五歲左右-

- 頭　14%
- 手臂各 9%
- 身軀 18%
- 背部 18%
- 腿各 16%

-嬰兒-

- 頭　18%
- 手臂各 9%
- 身軀 18%
- 背部 18%
- 會陰部 1%
- 腿各 13.5%

燒燙傷保險金

各家保險公司的理賠條件不同，常見如下。

比例理賠

依燒燙傷等級表按比例理賠，如「遭受意外傷害事故，致成附表所列重大燒燙傷程度之一者，本公司給付重大燒燙傷保險金，其金額按該表所列之比例計算。」

定額理賠

符合燒燙傷條件即理賠定額保險金，如「遭受意外傷害事故致成身體蒙受二度燒燙傷面積大於全身 20% 或三度燒燙傷面積大於全身 10% 或顏面燒燙傷合併五官功能障礙者，按保險金額給付重大燒燙傷保險金。」

除了上述的「重大或特定燒燙傷保險金」，有些日額型有「燒燙傷病房醫療保險金」保障項目。雖然燒燙傷條款常見於意外險的附加條款，但並非每張意外險都有，需特別注意！

⛨ 產險公司也有意外險

不論是壽險公司還是產險公司賣的意外險，保障項目可說是大同小異，主要差別在於保證續保與保費。

保證續保

　　保證續保是指「保險公司不得拒絕續保」。產險公司目前尚無「保證續保」的商品，若要有「保證續保」的意外險，就要從壽險公司來找，但不代表壽險公司的意外險都有保證續保唷！

　　無保證續保，代表保險公司有接受續保與否的權力，不論是理賠金額或頻率過高，或是停賣該商品，保險公司都能在下一年度拒絕續保。

　　若擔心無法續保，可從壽險公司挑選有保證續保的意外險。

memo 保證續保 ➡ 168 頁

保費

　　保證續保的意外險，通常會比無保證續保的意外險保費來得高。

> 想拉高意外險保額，卻又擔心無保證續保？建議可採折衷方式，以有保證續保的意外險做為基本保障，再用無保證續保但價格優惠的意外險拉高額度。用保證續保的意外險理賠，不用擔心理賠頻繁而被拒保。

意外或生病皆可能造成失能，而失能後可能連帶失去工作，衍生復健、照護的費用。可以透過「失能等級表」為理賠依據的險種轉嫁，如「意外險」、「失能險」。

失能額度估算

◎ 保額 =（原本年收入 + 復健或照護支出）× 學習新技能所需年限 / 失能程度比例

　　失能程度比例為 5% 至 100%，建議可依失能狀況（如雙手十指缺失，理賠比例為 80%）估算失能所需保額。如：十指缺失後須重新學習技能，預計約 3 年，依原本年收入和照護支出，估算一年總費用為 200 萬，因此失能所需保額為：200 萬 × 3 年 / 80% = 750 萬。

意外險和失能險，皆是以失能程度比例為理賠基礎，因此可依險種特性和保費，兩者相互搭配，適度調整保額！

☗除外責任

意外險保單條款有所謂的「除外責任」及「不保事項」，若發生事故的原因或事項歸屬此類，是可以拒賠的。

以下根據「傷害保險單示範條款」說明。

除外責任（原因）

❶ 要保人、被保險人的故意行為。

(除被保險人的故意行為外，致被保險人傷害或失能時，仍給付保險金)

❷ 被保險人犯罪行為。 memo 酒測超標為犯罪 ➡ 324 頁

❸ 被保險人飲酒後駕 (騎) 車，其吐氣或血液所含酒精成份超過道路交通法令規定標準者。

❹ 戰爭（不論宣戰與否）、內亂及其他類似的武裝變亂。但契約另有約定者不在此限。

❺ 因原子或核子能裝置所引起的爆炸、灼熱、輻射或污染。但契約另有約定者不在此限。

不保事項

❶ 被保險人從事角力、摔跤、柔道、空手道、跆拳道、馬術、拳擊、特技表演等的競賽或表演。

❷ 被保險人從事汽車、機車及自由車等的競賽或表演。

請留意這邊指的是「競賽或表演」，因此若是在「練習」時發生意外，仍屬保障範圍，不能以此拒賠。

🚦主力近因

若有多項原因導致事故發生，有些原因在保障範圍內，有些沒有，就容易引發理賠爭議，此時可能會採「主力近因」原則為判定基礎。

　　「主力近因」意指被保險人身故或受傷時，最主要或有效的原因。當造成事發原因有多個，且每個原因之間有因果關係、沒有中斷，那麼一開始發生，並導致一連串事故發生的原因，就是「主力近因」。

　　以小明開車為例，因心臟病發在行駛間無預警停車，被後車追撞而身故，意外險賠不賠呢？

　　根據「主力近因」原則，心臟病發為主力近因，因為是疾病，所以不符合意外三要件（突發、外來、非疾病）而不理賠。

　　但如果小明是因為心臟不舒服，車子靠邊休息一段時間後，被後車撞擊導致身亡，由於非因心臟病發導致，所以意外險要賠。

　　「主力近因」的認定，需依事發時的相關證物判定，上述是為了說明而簡化，若有類似情況，需個別判定唷。

♟意外險不賠三重點

買了意外險，不代表發生「意外」就能賠，這篇總結意外險中，最常見的不賠原因。

意外三定義

保單所稱的「意外」，必須符合「突發」、「外來」、「非疾病」，三者缺一不可。因此像心肌梗塞猝死，是因疾病導致死亡，意外險就不賠。

契約明訂不賠

依示範條款，意外險有兩大塊不賠事項：

除外責任

故意、犯罪、酒駕犯法之行為，以及因戰爭、內亂、核爆等原因造成。

不賠事項

從事危險活動之「表演」或「競賽」，如空手道、馬術、跆拳道、汽機車、自由車……等。

主力近因

若有許多原因導致事故的發生，就可能採「主力近因」原則判定是否理賠。

♟ 運動猝死賠不賠？

即便已瞭解意外險不賠的重點，但現實中仍有許多認知差異，在此直接拿案例做討論。

　　丁丁沒有心臟相關病史，在登山途中突然倒地死亡，相驗屍體證明書死因記載為「急性心臟衰竭（猝發）」。事後保險公司拒賠而上法院：地方法院判保險公司須賠，高等法院則判保險公司不用賠。為什麼會有不同的結果呢？

地方法院判決

　　法官依經驗法則認定，事故發生符合意外，家屬已盡舉證之責任，反倒是保險公司若要拒賠，則應舉證。

　　保險公司以相驗屍體證明書裡的「病死或自然死」，認定丁丁非意外死亡，不被法官認同。法官認為證明書是檢察官判定有無犯罪行為之偵查依據，並非證明意外死亡。

　　而丁丁的身體狀況，法官查閱相關資料，認定生前無任何疾病且體況良好，在過去登山的過程中亦無不適，因此，丁丁的急性心臟衰竭實屬

偶發不可預期之情況，為海拔高度改變所引起的。

綜合上述，法官認為死因是高山引發心臟衰竭所致，符合意外險定義，保險公司應理賠。

高等法院判決

法官認為法醫並未解剖，因此無法判定丁丁的身體狀況，且丁丁的就醫紀錄，僅能就健保局特約醫療機構查詢，未包含其他醫療院所，因此不足以證明丁丁的身體狀況。法官亦參照「心臟衰竭」的文獻、醫學經驗法則等等，認為猝死是結果，亦符合相驗屍體證明書中所提到的「病死及自然死亡」。

雖然高山環境的確可能激發心臟病，但法官認為此次登山並無路滑、跌倒等「外在」因素。

丁丁家屬覺得「急性心臟衰竭」是死亡時狀態而非病症，但法官認為內部原因未查出，又無外部原因可證明，難以認定為意外，且家屬無法證明死亡是意外造成的，因此保險公司不用賠。

怕意外險拒賠？！可選擇壽險和失能險

意外險主要提供身故和失能兩大保障，若擔心須符合意外定義而有爭議，可考慮購買壽險和失能險，惟需注意保費分別是以「職業等級」和「年紀」計算，因此可就保費與保障之間做衡量。

意外險的「意外」認定是理賠的癥結所在，而事故的因果關係亦非常重要，即便結果相同，但發生原因不同，雙方證據力之差異，對理賠判定都有不同的影響。以上純屬案例討論，實際仍需依個別狀況研判。

健康險

當身體出現狀況，可透過健康險來支付醫藥費、療養費，甚至是無法工作的損失。

🪧 從關鍵字認識健康險

健康險主要轉嫁因身體狀況不佳而引起的損失。健康險涵蓋許多險種，以下依保單特性簡易分類，並列出常見的保單名稱。

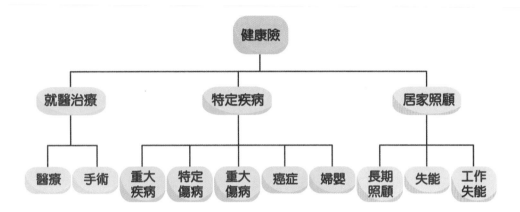

就醫治療

醫療

　轉嫁治療過程中所產生的花費，由於多以住院為前提，保單名稱常出現「住院醫療」。住院醫療分為日額型與實支型，日額型採定額給付，主要給付項目有每日病房費、手術，而實支型還包含醫療雜費，理賠「超出健保的實際費用」。

手術

　符合手術列表中的手術即可獲賠，但需注意手術不在列表中時，該如何處理。

特定疾病

重大疾病

簡稱重疾險，符合七項重大疾病「急性心肌梗塞、冠狀動脈繞道手術、腦中風後障礙、末期腎病變、癌症、癱瘓、重大器官移植或造血幹細胞移植」條件之一者，即可獲賠。

特定傷病

除了重疾七項疾病外，納入其他特定疾病（如多發性硬化症、嚴重肝硬化症等等）。108 年針對常見的 22 項嚴重特定傷病項目已有統一定義，但仍需注意各家保障的疾病差異。

重大傷病

依據健保「重大傷病證明」理賠，其範圍包含癌症、慢性精神病、慢性腎衰竭、燒燙傷、罕見疾病……等，但依保單條款約定，其中有 8 大類不賠，多與職業病或先天性相關，符合條件即可獲賠。

癌症

可分為兩種型態，一是依治療項目逐項理賠（癌症住院、放化療、骨髓移植等），另一種是符合癌症定義即可一次給付理賠金。

婦嬰

針對婦女或嬰兒給予特定的保障。以婦女來說，常是保障生產過程事故，如身故、流產等，而嬰兒大多是保障先天性重大缺損。

居家照護

長期照顧

長照狀態定義是指經專科醫師診斷，依巴氏量表或其他臨床專業評量表判定，進食、移位、如廁、沐浴、平地行動及更衣等六項日常生活自理能力，六項有三項以上需別人協助才能完成的「生理功能障礙」，或是符合國際疾病傷害及死因分類標準，且臨床失智量表（CDR）達中度以上的「認知功能障礙」。

失能

符合失能等級表中的失能級別，即可獲賠。分為一次性給付的「失能險」，以及於特定期間內持續給付的「失能扶助險」。

喪失工作能力（工作失能）

因意外或疾病失能而無法工作，符合保單的喪失工作能力定義，便會於特定期間內持續給付理賠金。需注意各家商品對於喪失工作能力的定義有所不同喔。

健康險涵蓋的險種廣泛，保障項目多元，各家條款亦不同，從保單名稱僅能概略了解保障內容，詳細的保障內容，還需翻閱條款唷！

住院醫療

針對住院就醫給予保障，依保障範圍與理賠

差異，分為日額型與實支型。

日額和實支的差別

醫療費用可分為「住院」、「手術」、「雜費」三大塊，而醫療險有日額、實支兩種，兩者涵蓋的保障範圍不同，給付方式亦不同。

醫療險有哪兩種

日額型

　　保障範圍主要是「住院」與「手術」，採定額的給付方式，例如投保日額型一天 2,000 元，住院三天就是給付 6,000 元。手術則是依手術倍數表理賠，如日額十倍。

　　日額型不會因健保給付而不理賠，但隨著 DRGs 制度施行、醫療技術進步，將有下列對日額型不利的狀況： memo DRGs 制度 ➡ 7 頁

❶ **住院天數下降**

❷ **限縮手術保障範圍**

❸ **自費項目增多**

實支型

　　除了「住院」與「手術」之外，還包含了「雜費」，針對健保不給付的金額，在限額內採「實報實銷」理賠。例如雜費限額 5 萬元，此次住院雜費 3 萬元，即給付 3 萬元。

　　許多實支型會提供「日額選擇權」，可選擇依住院天數乘上定額來理賠。當健保給付大部分醫療費時，採此法理賠較有利。

🚏 實支醫療購買重點

醫療費用佔最多比例的是「雜費」，達 65% 以上，加上醫療進步、實施 DRGs 制度等，以致住院天數縮短、自費項目變多，因此，依據實際花費理賠的實支型醫療險，更顯重要。

保障項目

每日病房費限額

住院的經常性費用，包含超等住院之病房費差額、管灌飲食以外之膳食費、特別護士以外之護理費。

看動畫懂保險
「實支實付」一定要知道的那些事！

手術費限額

保單條款通常附有手術表，依照手術項目乘上比例，即為此項手術的手術費限額，而其他在手術中使用的麻醉劑、設備使用費、醫材，如心臟支架，歸為醫療雜費，由「住院醫療費用」理賠。

住院醫療費限額

俗稱醫療雜費。各公司的條款內容略有差異，以示範條款所列的雜費為例：

一、醫師指示用藥

二、血液（非緊急傷病必要之輸血）

三、掛號費及證明文件

四、來往醫院之救護車費

五、超過全民健康保險給付之住院醫療費用

因有第五項「超過全民健康保險給付之住院醫療費用」，所以為概括式；另一種是列舉式，並無第五項，而是詳細載明給付範圍，例如列出麻醉劑、X 光檢查等。

住院日額選擇權

日額選擇權可在限額或是日額給付中擇優理賠。當健保支付了大多住院費用，採日額給付會比實支有利，便可依此條款，用住院天數理賠。

需注意日額選擇權並非每張實支型都有唷！

雙實支

什麼是雙實支

依個人需求，可購買願意理賠「收據副本」的第二張實支型醫療險。

例如小明有張 10 萬雜費的單實支，而小美有兩張 5 萬雜費限額的雙實支。當兩人住院雜費皆為 4 萬時，小明僅理賠 4 萬，而小美可理賠 8 萬。

投保告知

實支型是依據醫療收據申請理賠，因此投保時要告知已有第一張實支，且要確定能以副本理賠。有些保險公司僅接受正本理賠，不接受副本，投保前記得詢問清楚噢！ memo 多實支告知聲明 284 頁

注意事項

實支型醫療險多為附約，購買實支可能有額外的主約成本，而且當主約終止時（如完全失能理賠後），要留意附約是否跟著失效。

建議可從下列方向思考。

單實支：額度是否足以應付大部分的醫療費用。

雙實支：可將所需的額度拆成兩份，保費成本與理賠金額可能變多。各家保障範圍略有不同，可相互補強及分散風險（例如公司倒閉）。

手術理賠差異

手術理賠金可見於住院醫療險或手術險，隨著醫療技術進步，傳統的手術醫療，可能被新式手術或治療處置取代，條款的寫法差異，對理賠結果有很大影響。

以腎結石為例，過去利用開刀取出結石，但現在只要透過體外震波碎石術即可，這樣的「治療處置」就可能不在「手術」的保障範圍內。

手術與處置

手術

「手術」在多數的醫療險條款中並無明確定義，但能從理賠條件上瞭解，大致可分為：

❶ 根據保單手術列表

❷ 參照健保手術列表（全民健康保險醫療費用支付標準列舉的手術）

治療處置

與手術類似，建議確認「治療處置」的條款與理賠標準為何，若無載明，就需注意是否有通融理賠的疑慮。

手術和處置如何分辨

除了保單內明確定義手術與處置列表外，當手術是「參照健保手術列表」時，可從「全民健康保險醫療費用支付標準」得知，若在第二部第二章第七節為「手術」，在第六節即為「處置」。以 2023 年的健保支付標準來說，「尿路結石體外震波碎石術」診療項目代碼為 50023B，在第二部第二章第六節，因此是「治療處置」。

不在列表中的手術認定

若手術不在「手術列表」時，依條款有不同的處理方式。

依「健保」手術項目認定

❶ 依健保點數換算

以某條款為例，被保險人所接受手術若不在手術類別及保險金額倍數表內時，本公司按「全民健康保險醫療費用支付標準－手術章」之規定，以每五百點換算一倍（不足五百點者，按比例計算）倍數核算手術保險金。

因此若手術不在保單的手術列表，但在健保手術項目內，理賠金參照該手術的健保點數核算。

❷ 依手術列表之相當手術給付

以某條款為例，若施行之手術項目未明列於手術項目及比例表時，本公司將依「全民健康保險醫療費用支付標準」第二部第二章第七節（2-2-7）所載手術之規定，比照「手術項目及比例表」內程度相當之手術項目，給付手術保險金。

意指手術雖未載於保單手術列表，但在健保手術中，此時就由保險公司，依據相當於該手術在保單列表中的某項手術，來給付保險金。

與保險公司「協議」理賠

以某條款為例，被保險人所接受的手術，若不在「手術名稱及費用表」所載項目內時，由本公司與被保險人協議比照該表內程度相當的手術項目給付比率，核算給付金額。

由條款可知是由保險公司與被保險人協議，比照手術表決定金額，通常在條款裡會載明協議的給付限額，然而協議常因兩方的認定不同，而有理賠糾紛。

建議有疑義時，可提出認為是「手術」的證明。例如，過去曾有心導管手術被認為是檢查而非手術，後來被保險人提出佐證「中華民國心臟學會在 2008 年決議心導管為手術」來爭取。

由保險公司「自行」比照手術列表

以某條款為例，被保險人所接受之外科手術，若不在「手術項目給付比率表」所載的項目內時，本公司將比照表內程度相當之外科手術項目之給付比率，計算給付金額。

代表由保險公司判定符合「保單手術列表」的哪一項手術，來給付保險金。

不予理賠

以某條款為例，被保險人所接受之住院手術，若為本契約條款手術附表所載項目以外之注射、穿刺、縫合手術及處置、本契約條款手術附表明訂不在給付範圍或除外之項目、或為本契約之除外責任事由者，則本公司不負給付本條保險金之責。

由條款可知，僅限於手術列表內的手術才得以理賠。

由於保單手術列表是固定的，但隨著醫療技術進步，容易出現新式治療取代原有手術的情形，因此要多加留意「不在手術列表時」的條款寫法。

🚏 門診理賠條款

過去許多情形需要住院治療，但現在只需門診處理即可，因此有不少醫療險將門診納入保障範圍。

住院醫療費用保險金

實支型

有些實支醫療險的「住院醫療費用保險金」會包含門診手術的「雜費」。

以某條款為例，被保險人以健保身分住院診療或接受「門診手術」時，本公司按被保險人住院或門診手術期間內所發生，且依健保規定其保險對象應自行負擔及不屬健保給付範圍之下列各項費用核付。一、醫師指示用藥及處方藥。二、血液。三、掛號費及證明文件。四、來往醫院之救護車費。五、超過健保給付之住院醫療費用。

門診手術保險金

實支型

以某條款為例，被保險人以健保身分於醫院接受「門診手術」治療者，本公司按該被保險人因施行手術所發生，且依健保規定其保險對象應自行負擔及不屬健保給付範圍之手術費用核付，但其給付金額最高以附表所列之「門診手術費用保險金限額」乘以「手術名稱及費用表」中所載各項百分率所得之數額為限。

日額型

以某條款為例，於醫院接受「門診手術」治療者，本公司依「住院保險金日額」之三倍給付。

住院前後門診費用保險金

在住院或門診手術前後一定天數內，因同一事故而接受門診治療時亦能理賠。

實支型

以某條款為例，住院診療或接受門診外科手術者，於入院診療或接受門診外科手術前七天內；與出院後或接受門診外科手術後十四天內，因同一事故以健保身分接受「門診治療」時，按門診治療時所發生，且依健保規定應自行負擔及不屬健保給付範圍的費用給付。

日額型

以某條款為例，本公司按「實際門診日數」乘以每日住院保險金額的百分之二十五給付住院前後門診保險金。

注意門診是否採「通融」理賠，保障應以保單記載為主，以免日後引發爭議。門診理賠金額通常不高，最好以能轉嫁大風險的保障項目為優先考量，切勿本末倒置。

> ### 🚏 除外責任
>
> 錢夫人希望變得更好看，在醫美中心進行大改造，術後住院三天，保險公司拒絕理賠，這時錢夫人才知道，原來醫療險在某些情形下是不賠的。

　以下就日額型、實支型的「住院醫療費用保險單示範條款」，介紹醫療險的除外責任。

兩者皆有的除外責任

因原因所發生的除外責任

❶ 被保險人的故意行為（包括自殺及自殺未遂）

小明拿美工刀割腕自殺，因為是故意行為所以不賠。

❷ 被保險人的犯罪行為

小明行竊時被狗咬傷而住院，因行竊是犯罪行為所以不賠。

❸ 被保險人非法施用防制毒品相關法令所稱之毒品

小明吸毒過量而入院急救，屬不賠事項。

因事故所發生的除外責任

❶ 美容手術、外科整型。但為重建其基本功能所作之必要整型，不在此限。

錢夫人為了愛美而隆鼻，保險公司可不理賠。但若是因車禍導致鼻子粉碎性骨折，得透過整形重建，保險公司不得拒賠。

❷ 外觀可見的天生畸形

小明有天生唇顎裂，因修復手術而住院，由於唇顎裂屬天生畸形，所以保險公司不理賠。

❸ 健康檢查、療養、靜養、戒毒、戒酒、護理，或養老之非以直接診治病人為目的者

小明為了健檢而住院，不屬直接診治行為，保險公司不賠。

❹ 懷孕、流產或分娩及其併發症

錢夫人因生產住院三天，懷孕生產屬自然行為，基本上保險公司不賠。

❺ 不孕症、人工受孕或非以治療為目的之避孕及絕育手術

錢夫人生產後想要避孕，以外科手術進行輸卵管結紮，保險公司可不賠。

實支型特有的除外責任

❶ 裝設義齒、義肢、義眼、眼鏡、助聽器或其它附屬品。但因遭受意外傷害事故所致者，不在此限，且其裝設以一次為限

小明因糖尿病截肢而裝設義肢，保險公司可不賠，但因意外事故而需義肢則要賠。

❷ 非因當次住院事故治療之目的所進行之牙科手術

小明在腸胃炎住院期間，順便做了牙科手術，牙科手術並非為了腸胃炎而進行，保險公司不賠。

 有些事故雖屬除外責任，但屬於可理賠的例外，如胎位不正而醫師判定必須剖腹，屬於除外責任的例外，保險公司就要賠。

🦷 除外責任的例外

「懷孕、流產或分娩及其併發症」雖是醫療險的除外責任，但有些狀況是除外責任的例外，保險公司不得拒賠唷！

以下依「住院醫療費用保單示範條款」說明。

懷孕相關疾病

① 子宮外孕

指胚囊著床在子宮之外，如腹腔、卵巢、輸卵管等等，當胚囊持續成長為胚胎時，著床處會因為胚胎成長，而有破裂的危險，可能造成孕婦嚴重內出血、休克，甚至危及性命。

② 葡萄胎

異變的胚胎，其外型像葡萄，故得此稱。

③ 前置胎盤

懷孕 20 週以後，胎盤位置太低而擋住子宮頸口。

④ 胎盤早期剝離

在胎兒未產出前，胎盤即和子宮分離。

⑤ 產後大出血

生產過後出血量大於 500c.c。

⑥ 子癲前症

俗稱為「妊娠毒血症」，在懷孕時有高血壓、蛋白尿或水腫等症狀。

❼ 子癇症

除了有子癇前症的症狀外，還會伴隨抽筋，稱為子癇症。

❽ 萎縮性胚胎

胚胎不正常而停止成長時，若沒有自然排出孕婦體外，就需採人工方式使其排出。

❾ 胎兒染色體異常之手術

因醫療行為所必要的流產

醫師檢查後判斷胎兒會因遺傳等問題，不利生理、心理健康，可藉醫療行為進行人工流產：

❶ 因本人或其配偶患有礙優生之遺傳性、傳染性疾病或精神疾病

如患有德國麻疹的孕婦，可能影響胎兒發育，或患有重度智能不足的父母親，可能無力照顧嬰兒等狀況。

❷ 因本人或其配偶之四親等以內之血親患有礙優生之遺傳性疾病

❸ 有醫學上理由，足以認定懷孕或分娩有招致生命危險或危害身體或精神健康

如嚴重的左側心臟阻塞性疾患，手術會有高度風險。

❹ 有醫學上理由，足以認定胎兒有畸型發育之虞

如經超音波診斷，發現胎兒有水腦症。

❺ 因被強制性交、誘姦或與依法不得結婚者相姦而受孕者

醫療行為必要之剖腹產

❶ 產程遲滯

如第一產程過久還無法生出（經產婦超過
14 小時、初產婦超過 20 小時）。

❷ 胎兒窘迫

如胎兒心跳過低（低於基礎心跳每分鐘 30
次且持續 60 秒以上）。

❸ 胎頭骨盆不對稱

如胎兒頭圍過大（頭圍 37 公分以上）。

❹ 胎位不正

❺ 多胞胎

有些條款會定義三個以上才屬多胞胎，若未註明，雙胞胎也算。

❻ 子宮頸未全開而有臍帶脫落時

❼ 兩次（含）以上的死產

注意死產的定義。如：懷孕 24 週以上，
胎兒體重 560 公克以上。

❽ 分娩相關疾病

如胎盤早期剝離、母體有心肺疾病等。

上述依分類僅列舉幾項情形，詳細請見保單條款中，除外責任裡對於「例外」的定義。

醫療險不賠四重點

買了住院醫療險，只要住院治療就可以理賠嗎？這篇列出醫療險常見的不賠原因。

契約明定不賠事項

「除外責任」會記載哪些情況不理賠。醫療險可分為兩大塊：

因何種原因

如被保險人故意、犯罪、吸毒。

因何種事故

如外觀可見天生畸型、非必要美容手術、健康檢查、結紮手術等等。

非必要性醫療

根據評議中心的統計，「必要性醫療」常是保險公司與保戶之間的爭議所在。保單條款的「住院」定義裡有提到：「需經醫生診斷必須入住醫院治療」。

若醫生認為病人可出院，而病人希望多住幾天，就容易有必要性醫療的爭議。

不合規定的醫院

醫療險所稱的「醫院」，其場所和目的必須符合醫療法規範。

符合醫療法的醫院

醫療法對於「醫院」，在服務設施、人員配置上，都有設置的標準。有些診所雖有病床但不符規範，就無法稱為醫院。

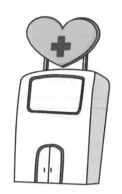

以診治病人為目的

例如專供休養、戒酒、養老等非以直接診治病人為目的之醫療機構，就不屬醫院。

已在疾病

保單條款的「疾病」定義為「契約生效日起所發生的疾病」，所以投保前已有的疾病，並不在保障範圍內。

memo 病史先不告知，過二年後就會賠？➡ 283 頁

等待期

為避免保戶帶病投保，在保單生效後，通常會有三十到九十天不等的等待期，等待期之後的疾病，才在保單的保障範圍內。通常出現在健康險保單條款中的「疾病」名詞定義裡。

◉ 等待期會出現在初次投保生效時，因此定期險隔年續約，不會有等待期唷！

⚕ 醫療險與意外醫療險的差異

不論意外或疾病住院就醫，皆在醫療險的保障範圍內，有些醫療險甚至還包含門診理賠，而意外醫療險僅限意外就醫，那麼有醫療險還需要意外醫療險嗎？

保障範圍

醫療險的保障，大多都要以住院為前提，但意外醫療險中的實支型，門診、住院都在保障範圍內，日額型意外醫療雖以住院為前提，但「骨折未住院」亦在保障範圍內。

有些意外醫療附有「重大燒燙傷」的附加條款，可特別留意。

除外責任

兩者除外責任略有不同。醫療險及意外醫療險，對於被保險人的故意及犯罪行為，皆不予理賠。醫療險對於非必要性治療，如愛美整型，亦屬除外不賠；意外醫療險對於戰爭以及核能等事故造成的意外，除非契約另有約定，否則亦為除外不賠，針對酒駕，只要超出道路交通法令規定標準即不賠。 memo 意外險的除外責任 ➡ 58 頁、醫療險的除外責任 ➡ 78 頁

等待期

為了避免保戶帶病投保，醫療險針對「疾病」通常設有三十天的等待期，等待期內發生的疾病，保險公司不負理賠責任；意外醫療險，因意外屬突發且不可預期的，所以無等待期。

保證續保

壽險公司的醫療險，大多有保證續保，較不需擔心無法續保；而意外醫療險，目前僅有部分的壽險公司商品有提供保證續保，但保費會比無保證續保高。

保費費率

醫療險保費是以「年紀」為計算基礎，年紀愈大保費愈高。意外醫療險的費率，主要是依「職業等級」訂定，所以換工作時需告知保險公司，避免理賠金打折或拒賠的情況發生。

> 醫療險涵蓋因疾病或意外造成的醫療費用，保障範圍大致上較意外醫療險廣，建議可先以醫療險為主。若擔心骨折未住院、重大燒燙傷等，可再把意外醫療險補上，記得將醫療險的保障額度一併考量唷！

住院日額選擇權

實支型醫療險常見「住院日額選擇權」條款：「依被保險人實際之住院日數，按所載住院日額給付住院日額保險金⋯⋯，已向本公司申請住院日額保險金後，不得再申請其他各項保險金」

代表實支型可選擇轉為日額型，依住院天數理賠（二擇一）。

- ▸ **住院醫療費用多時：採實支實付方式理賠**
- ▸ **住院醫療費用少時：採日額選擇權有利**

雙實支型

住院醫療費用過高，實支不夠賠，該怎麼辦？

除了風險自留外，另可買第二張實支型醫療險。當住院費用多時，可補強缺口；住院費用沒那麼多時，多出的金額可當作薪資損失的補償。

理賠案例

為了瞭解在不同的情形下，理賠金額有何差異，以下面案例做說明：

看動畫懂保險

定額實支大不同！適時更新保險才有足夠保障！

- ▸ 日額型：住院 1,000 元 / 日、心導管手術依手術列表理賠 20,000 元
- ▸ 實支型：病房費 1,000 元 / 日、雜費 80,000 元、日額選擇權 1,500 元

案例		項目	實際花費	日額型	實支型	雙實支型
❶ 健保全額給付 (金屬支架)	住院	3天健保房	0	3,000	4,500	9,000
	手術	心導管手術	0	20,000	0	0
	雜費	健保給付(金屬支架)	0	0	0	0
❷ 部分健保給付 (塗藥支架)	住院	3天單人房	9,000	3,000	3,000	6,000
	手術	心導管手術	0	20,000	0	0
	雜費	部分健保(塗藥支架)	60,000	0	60,000	120,000
❸ 自費項目多 (重症肌無力)	住院	3天健保房	0	3,000	0	0
	手術	無	0	0	0	0
	雜費	自費藥品	200,000	0	80,000	160,000
理賠總金額	❶	健保全額給付	0	23,000	4,500	9,000
	❷	部分健保給付	69,000	23,000	63,000	126,000
	❸	自費項目多	200,000	3,000	80,000	160,000

DRGs 制度的實施，造成住院天數縮短、自費機會增加，因此實支型會較日額型更能有效填補損失，而當自費較少時，則可利用有「日額選擇權」的實支型來彌補薪損，若擔心無法支付未來的高額醫療費用，可考慮雙實支。

癌症／重疾／重大傷病

藉由癌症的治療方式與費用，點出一次性給付的重要性，並說明各險種保障範圍，又該如何認定。

癌症治療方式

謝太太罹癌後，與醫師討論才發現，除了透過手術切除癌細胞之外，還有化療、標靶藥、放療等不同治療方式，目前仍有許多是健保沒有補助的，而這些治療都要花不少錢……

化學治療

什麼是化學治療

簡稱化療，利用化學藥物破壞癌細胞的生長及分裂，可分為針劑注射與口服，依目的性大致可分為：

癌症	常見針劑藥	常見口服藥
大腸癌	抗癌妥 (Irinotecan)	截瘤達 (Capecitabine)
肝癌	諾拉曲特 (Thymitaq)	滅必治 (Etoposide)
肺癌	愛寧達 (Pemetrexed) 溫諾平 (Vinorelbine)	溫諾平 (Vinorelbine)
乳癌	微脂體小紅莓 (Lipo-Dox)	截瘤達 (Capecitabine)
口腔癌	撲類惡 (Bleomycin)	友復 (Uracil-Tegafur)
攝護腺癌	剋癌易 (Docetaxel)	樂抑癌 (Estramustine)
胃癌	益樂鉑 (Oxaliplatin)	截瘤達 (Capecitabine)
皮膚癌	普留淨 (Aldesleukin)	洛莫司汀 (CCNU)
子宮頸癌	癌康定 (Topotecan)	

❶ 以化療為主要治療的「主要性化療」

❷ 為了縮小腫瘤以利後續治療的「前導性化療」

❸ 以其他治療為主，化療為輔的「輔助性化療」

化療可能影響正常細胞而產生副作用，常見有噁心嘔吐、口腔或喉嚨黏膜破損、掉髮、抵抗力減弱、倦怠、沒有食慾等。

有無健保

健保針對傳統化療藥常「有條件」給付，如友復、小紅莓等，而新式的化療藥物，如用來治療乳癌的微脂體小紅莓（Lipo-Dox），自費一次大約要 3 ～ 5 萬的費用，需施打四次，要價近 15 ～ 20 萬。

什麼是標靶藥物

說到癌症，最常被提起的治療方式就是標靶藥物，但並非所有的癌症都有標靶藥物可用，而且也不是每個人都適用，標靶藥物是攻擊具有某特性的細胞，依特性大致有如下分類：

癌症	藥名	型態
大腸癌	爾必得舒（Erbitux）	注射
	癌思停（Avastin）	注射
肝癌	蕾莎瓦（Nexavar）	口服
肺癌	得舒緩（Tarceva）	口服
	艾瑞莎（Iressa）	口服
	妥復克（Afatinib）	口服
	癌思停（Avastin）	注射
	截剋瘤（Xalkori）	口服
乳癌	賀癌平（Herceptin）	注射
	賀疾妥（Perjeta）	注射
	泰嘉錠(Tykerb)	口服
口腔癌	爾必得舒（Erbitux）	注射
胃癌	賀癌平（Herceptin）	注射

❶ **阻斷癌細胞傳遞路徑，如艾瑞莎（Iressa）、得舒緩（Tarceva）**

❷ **細胞表面抗原的單株抗體，如賀癌平（Herceptin）**

❸ **抑制血管新生，如癌思停（Avastin）**

❹ **細胞凋亡促進劑，如萬科（Velcade）**

若癌細胞沒有這些標記，標靶藥物就無法被有效使用。

新藥研發成功率低，因此價格特別高，所以標靶藥物一個月花費數十萬元是很常見的。

有無健保

健保署會參照研究數據、衡量藥品費用等等，來決定是否納入健保，且多採條件式給付。

以乳癌為例，納入健保給付的賀癌平（Herceptin），給付條件為「外科手術前後、化療後，具 HER2 過度表現，且具腋下淋巴結轉移但無遠

處臟器轉移之早期乳癌患者，作為輔助性治療用藥，使用至多以 1 年為限。」

由此可知，除了須符合申請條件外，健保給付並非可以一直使用，會有療程上的限制。

> **· 查詢癌症健保給付用藥**
> 可至健保署網站的藥品給付規定，「第九節 抗癌瘤藥物」即可查詢。

免疫治療

近年來的新式療法，即透過免疫系統對抗癌症。免疫治療正在發展中，有不同的種類與技術，如免疫「藥物」治療、免疫「細胞」治療。

癌細胞有干擾免疫系統，使其認不出癌細胞的特性，「免疫藥物治療」便是重新辨識癌細胞、活化自身免疫系統來對抗癌症。而「免疫細胞治療」則是提取自身免疫細胞，在體外強化、培養更多數量後，再輸回身體與癌細胞抗衡。

免疫治療各有其適應的癌症，對於病患的身體狀況也有要求，並非每個人都適用。免疫治療並不便宜，費用多是百萬起跳，像是 CAR-T 細胞治療就高達千萬。為了避免昂貴的費用排擠掉其他疾病預算，健保多數不給付，最新資料可見衛服部相關網站，如醫事司的「細胞治療技術施行計畫」、健保署的「癌症免疫新藥專區」。

放射治療

簡稱放療，大致分為治癒、輔助、緩和三種治療目的。放療光束的名稱常為某某刀，不少人會誤以為是用某種實際的刀，但其實是利用有穿透力的光束照射腫瘤，使癌細胞無法再生、增殖。

體內放射

將放射源置入體內，治療完畢再將放射源取出，可避免大範圍的正常細胞受到影響。

體外放射

　目前較常見的治療方式，利用儀器對病患照射放射源。最常使用的是直線加速器所製造的 X 光或是電子射線，以及鈷 60 治療機的伽馬射線，較新的是質子治療機所釋放的質子射線，對於病灶週邊的正常細胞傷害較小。常見的放射治療及大略費用如下：

	治療範圍	適應症	費用 (僅供參考)
質子刀 Proton knife	全身 10 公分內	腦瘤、頭頸癌 鼻咽癌等	至少 30 萬元
諾力刀 Novails	全身 10 公分內	腦瘤、胸腹腔 脊椎腫瘤等	約 2~8 萬元
弧形刀／銳速刀 VMAT／RapidArc	全身約 40 公分	頭頸癌 攝護腺癌、肺癌等	約 3~6 萬元
螺旋刀 Tomotherapy	全身約 160 公分	腦瘤、鼻咽癌 口腔癌等	約 15~35 萬元
電腦刀 Cyberknife	全身 3~5 公分以內	腦瘤、神經系統瘤 脊椎腫瘤等	約 25 萬元
加馬刀 Gammaknife	頭部 3 公分以內	顱內腫瘤 腦部轉移惡性腫瘤等	約 14 萬元

> **資料彙整於 2023 年 2 月**
> 相關費用參考自各方報導，實際資訊請依各家醫院、健保署為主。每位患者病情不同，治療方式請與醫師討論。上述資訊僅供參考。

> 針對每次可能高達十多萬的癌症治療費用，建議先購買一次給付型的保險商品，如重大傷病險、重疾險、一次給付型或初次罹癌金高的癌症險。在住院的前提下，實支型醫療險亦可轉嫁住院期間的抗癌費用。

癌症險

癌症的定義

　　2018 年 12 月 31 日前銷售的癌症險，各家保單條款對癌症的定義不同，有些是根據病理切片檢驗報告，有些則是透過血液學診斷。2019 年金管會將癌症定義標準化，病理檢驗需符合最近採用的「國際疾病傷害及死因分類標準」，並統一分為「初期」、「輕度」、「重度」三個類別。

▶ **癌症（初期）：**

①　原位癌或零期癌

②　第一期惡性類癌

③　第二期（含）以下且非惡性黑色素瘤之皮膚癌（包括皮膚附屬器癌及皮纖維肉瘤）

▶ **癌症（輕度）：**

①　慢性淋巴性白血病第一期及第二期（按 Rai 氏的分期系統）

②　10 公分（含）以下之第一期何杰金氏病

③　第一期前列腺癌

④　第一期膀胱乳頭狀癌

⑤　甲狀腺微乳頭狀癌（微乳頭狀癌是指在甲狀腺內 1 公分（含）以下之乳頭狀癌）

⑥　邊緣性卵巢癌

⑦　第一期黑色素瘤

⑧　第一期乳癌

⑨　第一期子宮頸癌

⑩　第一期大腸直腸癌

▶ **癌症（重度）：癌症（初期）和癌症（輕度）以外之癌症**

原位癌與併發症賠不賠

　　癌症定義雖已標準化，但理賠方式依各家商品亦有不同，且基於契約安定性、不溯既往原則，以往已購買的長期、或是有保證續保的定期癌症險仍維持原定義，因此仍需注意商品保障範圍。

　　「原位癌」被定義為零期的癌症，惡性程度低，經過適當治療，有很高機率可治癒，因此某些癌症險是不賠的。

　　最常見的糾紛是併發症，有些癌症險只理賠癌症本身，不包括併發症，可多加留意。

初次罹癌理賠金要高

　　傳統型癌症險的主要保障項目，有初次罹癌金、因癌症住院、放化療等，對於標靶藥等新式治療並無保障，且隨著醫療進步，有些治療已採口服藥而不需住院，因此，應以初次罹癌理賠金為優先考量，只要符合癌症定義，即可獲得一大筆金額自行使用。

傳統型癌症險可能因醫學進步而不符合理賠條件，如口服抗癌藥。建議優先選擇「一次給付型」的癌症險或重疾、重大傷病險，只要符合癌症定義即可獲賠，不會受限於保單條款上的治療項目。

重疾險

保障範圍

七項重大疾病為癌症、急性心肌梗塞、冠狀動脈繞道手術、腦中風後障礙、末期腎病變（慢性腎衰竭）、癱瘓、重大器官或造血幹細胞移植。

不代表醫生判定後就能理賠，還須符合重疾險的個別理賠條件。

等待期

為避免帶病投保，重疾險常有九十天的「等待期」，不理賠等待期間內所罹患疾病。若是意外所致，則無等待期。

保證續保

保證續保對定期險來說是很重要的，可避免因體況被拒絕續保。例如子宮肌瘤、巧克力囊腫……等雖不屬於癌症，但細胞的不規則增生會有惡化的顧慮，就可能被視為有體況而拒絕續保。

理賠條件

2016 年金管會修改重疾定義，除了較明確外，將「癌症」、「急性心肌梗塞」、「腦中風後障礙」、「癱瘓」四種狀況分為輕重度，並分甲乙兩種理賠範圍。

▶ **甲型：針對有輕重度之分的疾病，僅理賠重度。**

▶ **乙型：輕度或重度都有理賠。**

癌症

> 阿美透過乳癌篩檢，得知自己為乳癌零期患者，
> 原以為重疾險會賠，沒想到被拒賠。

「新式」重疾險的癌症分為輕、重度。

▶ **輕度**

僅理賠列出的特定 10 項癌症：

① 慢性淋巴性白血病第一期及第二期

② 10 公分（含）以下之第一期何杰金氏病

③ 第一期前列腺癌

④ 第一期膀胱乳頭狀癌

⑤ 甲狀腺微乳頭狀癌

⑥ 邊緣性卵巢癌

⑦ 第一期黑色素瘤

⑧ 第一期乳癌

⑨ 第一期子宮頸癌

⑩ 第一期大腸直腸癌

有三項狀況則屬於除外不賠：

① 原位癌或零期癌（癌症初期）

② 第一期惡性類癌

③ 第二期（含）以下且非惡性黑色素瘤之皮膚癌

▶ **重度**

需符合「國際疾病傷害及死因分類標準」版本中歸屬的惡性腫瘤，不
賠輕度的 10 項及 3 項除外不賠的癌症，總共有 13 項癌症不賠。

「舊式」重疾險的癌症定義為：

係指組織細胞異常增生且有轉移特性之惡性腫瘤或惡性白血球過多

症，經病理檢驗確定符合行政院衛生署最近刊印之「國際疾病傷害及死因分類標準」歸屬於惡性腫瘤之疾病，但下列疾病除外：

1 第一期何杰金氏病　　　　3 原位癌

2 慢性淋巴性白血病　　　　4 惡性黑色素瘤以外的皮膚癌

這些癌症治癒率較高，所以舊式重疾險不包含這四項。

急性心肌梗塞

李先生感到呼吸困難，送醫診斷後為急性心肌梗塞，然而保險公司拒賠，認為未有典型的胸痛症狀，不符重疾險的急性心肌梗塞定義。

心肌梗塞是指供應心臟血流的冠狀動脈發生阻塞，心肌缺氧引起心臟肌肉壞死。

「新式」重疾險，急性心肌梗塞輕重度定義為：

▶ **輕度**

至少要符合以下兩個條件

1 典型之胸痛症狀

2 最近心電圖的異常變化，顯示有心肌梗塞者

3 心肌酶 CK-MB 有異常增高，或肌鈣蛋白 T>1.0ng/ml，或肌鈣蛋白 I>0.5ng/ml

▶ **重度**

至少符合輕度要求的兩個條件外，還必須有「發病 90 天（含）後，經心臟影像檢查證實左心室功能射出分率低於 50%（含）」的條件。

而「舊式」重疾險的心肌梗塞定義為：

因冠狀動脈阻塞而導致部份心肌壞死，其診斷「必須同時」具備下列三條件：

❶ **典型之胸痛症狀**

❷ **最近心電圖的異常變化，顯示有心肌梗塞者**

❸ **心肌酶之異常增高**

心肌缺氧時會引起胸痛，檢查時可從心電圖觀察到異常狀況，而心肌酶常被用來檢測心肌損傷，當心肌缺氧時，心肌酶指數通常會異常增高。

不過就臨床經驗來說，並非所有心肌梗塞患者都會「同時」出現這些症狀。國外報告指出，心肌梗塞的病患未必都會有胸痛的症狀。

至於心電圖及心肌酶的異常報告，若患者在心肌梗塞發作的第一時間猝死，就可能沒有這些數據佐證。

冠狀動脈繞道手術

冠狀動脈硬化會讓通道變得狹窄甚至阻塞，心臟就會因缺血而缺氧。由於小華有阻塞的現象，所以醫生建議進行「冠狀動脈氣球擴張術」，沒想到重疾險無法理賠。

冠狀動脈繞道手術

冠狀動脈疾病阻塞尚未惡化時，可採「冠狀動脈氣球擴張術」暫時擴張血管，若症狀嚴重就會進行「冠狀動脈繞道手術」，取其他部位的血管，接到冠狀動脈上。

重疾險的保障是「冠狀動脈繞道手術」，並非相關手術都可理賠，所以「冠狀動脈氣球擴張術」不賠。

「新式」重疾險需滿足下列三點：

❶ 因冠狀動脈疾病而有持續性心肌缺氧造成心絞痛或心臟衰竭

❷ 接受冠狀動脈繞道手術

❸ 其他手術不包含在內

而「舊式」重疾險除了上述三項，又多了「須經心導管檢查」，然而近年來亦能透過新式的「電腦斷層」檢查，因此不一定需要心導管檢查，所以新式重疾險刪除此項。

腦中風後障礙

林先生右半邊突然癱瘓，送醫發現是「急性腦中風」。申請理賠卻被告知要再觀察半年，評估後才能決定是否理賠。

腦中風是指腦血管突發病變，導致永久性神經機能障礙。

「新式」重疾險，需於事故發生「六個月」後，經「神經科、神經外科或復健科專科醫師」認定，依失能之嚴重程度分為輕、重度，並將「肌力評估標準」納入障害之認定標準，定義明確。

▶ **輕度**

一上（下）肢的肩、肘、腕（髖、膝、踝）關節永久遺存運動障害，其中「運動障害」是指肌力 3 分，即可抗重力活動，但無法抵抗外力。

▶ **重度**

❶ 植物人狀態

❷ 一上肢三大關節或一下肢三大關節遺留下列機能障礙之一者：

（一）關節機能完全不能隨意識活動

（二）肌力在 2 分（含）以下者（指可做水平運動，但無法抗地心引力）

❸ 兩肢（含）以上運動或感覺障礙而無法自理日常生活者

❹ 喪失言語或咀嚼機能者

定義與舊式的「永久性神經機能障礙」相似，但較明確。

「舊式」重疾險，需在事發「六個月」後，經腦神經專科醫師認定，仍遺留永久性神經機能障礙之一：

❶ 植物人狀態

❷ 一肢以上機能完全喪失者

❸ 兩肢以上運動或感覺障礙而無法自理日常生活者

❹ 喪失言語或咀嚼機能者

根據資料顯示，腦中風後的六個月內是復健的黃金期，有一定機率可恢復獨立完成日常生活之能力。因此若六個月內恢復良好，只有言語遲緩而未達「喪失」程度，保險公司可不賠。

要特別注意，若不幸於六個月內身故是無法獲賠的。

末期腎病變 / 慢性腎衰竭

大明尿液中有泡沫，就醫才發現是慢性腎衰竭，差點就要洗腎。大明向保險公司申請卻被拒賠，究竟是為什麼呢？

腎臟是清除並代謝體內廢物的器官，而腎衰竭是指器官病變，造成腎臟功能不全甚至惡化，分為急性及慢性兩種。

急性腎衰竭常是因突發或疾病，使腎臟在短時間內失去功能，若能及時治療，通常可恢復功能。慢性腎衰竭則是長時間逐漸惡化，透過治療只能減緩，無法完全恢復。重疾險保障的是「慢性」腎衰竭（末期腎病變）。

「新式」重疾險的條款定義為：

❶ 腎臟因慢性且不可復原的衰竭

❷ 已經開始接受長期且規則的透析治療

所以若為急性腎衰竭是不賠的，另外加上「已經開始」接受長期且規則的透析治療，定義明確。

而「舊式」重疾險條款定義為：

❶ 兩個腎臟為慢性且不可復原的衰竭

❷ 必須接受定期的透析治療

限定二顆腎臟，這對於手術已移除腎臟、腎有先天缺陷等的「單腎」朋友不利，而單顆腎臟為慢性腎衰竭，或是急性腎衰竭，都是不予理賠的。

癱瘓

林先生因車禍導致無法行走，復健六個月後，雙腿依舊無法恢復知覺，此時林太太想知道可否申請重疾險理賠？

常見的癱瘓原因是意外、高處墜落及病變造成。一般來說，肢體動作是由中樞神經傳達指令產生，而癱瘓通常是脊髓傷害或壓迫所造成，或是關節受損導致肢體無法隨意識動作。

「新式」重疾將癱瘓分為輕、重度，將「肌力評估標準」納入認定標準，肌力 2 分以下認定為機能障礙。與舊式定義類似，重度同樣是指兩肢各有二關節以上遺留機能障礙無法復原，而輕度指兩肢各有一關節、或一肢有兩關節遺留機能障礙。

▸ **輕度**

❶ (a) 兩上肢、或兩下肢、或一上肢及一下肢，各有三大關節中之一關節

(b) 一上肢或一下肢，三大關節中之兩關節

❷ 關節完全不能隨意識活動，或肌力在 2 分（含）以下者（指可做水平運動，但無法抗地心引力）

❸ 經過六個月以後仍無法復原或改善

▸ **重度**

❶ 兩上肢、或兩下肢、或一上肢及一下肢，各有三大關節中之兩關節（含）以上

❷ 關節機能完全不能隨意識活動，或肌力在 2 分 (含) 以下者（指可做水平運動，但無法抗地心引力）

❸ 經過六個月以後仍無法復原或改善

「舊式」重疾險的癱瘓需符合以下三點：

❶ 兩上肢、或兩下肢、或一上肢及一下肢，各有三大關節中的兩關節以上

❷ 關節機能永久完全喪失（指關節永久完全僵硬或不能隨意識活動）

❸ 經過六個月以後，其機能仍完全喪失

三大關節指的是上肢的肩、肘、腕關節，及下肢的髖、膝、踝關節，所以若雙腿只有踝關節永久喪失機能，符合新式輕度，但新式重度或舊式的癱瘓是不符合的。

要注意器官機能的喪失（失去功能），是否包含器官缺失（無此器官），此外，機能喪失的認定方式，建議先與保險公司確認。「舊式」裡機能完全喪失的定義較不明確，常見的肌力分級中，0 級（完全無法運動，無肌力收縮）跟 1 級（僅可見輕微肢肌肉收縮，無關節運動）狀況較符合，實際狀況須依醫師診斷。

重大器官或造血幹細胞移植

人體器官
移植用

阿華長期抽菸，導致肺已呈現纖維化，醫生建議肺臟移植。阿華想到重疾險有器官移植的保障，不曉得在等待名單中的自己，是否可以理賠？

「新式」重疾險的重大器官移植或造血幹細胞移植定義為：

接受心臟、肺臟、肝臟、胰臟、腎臟（以上均不含幹細胞移植）的異體移植。造血幹細胞移植，係指因造血功能損害或造血系統惡性腫瘤，已經接受造血幹細胞（包括骨髓造血幹細胞、周邊血造血幹細胞和臍帶血造血幹細胞）的異體移植。

「舊式」重疾險的重大器官移植手術定義為：接受心臟、肺臟、肝臟、胰臟、腎臟及骨髓移植。新式將舊式其中的骨髓移植，改為造血幹細胞移植，包含骨髓造血幹細胞、周邊血造血幹細胞、臍帶血造血幹細胞。

由於是「接受」器官移植手術才符合定義，所以仍在等待的病患並無法獲賠。同樣地，器官的「捐贈」者，即便是上述器官的移植手術，仍不符合理賠條件。器官移植最大的問題是器捐率低，可能因等不到器官而無法獲賠。

特定傷病與重大傷病險

除了七項重疾之外，亦有將其他傷病納入保障範圍的「特定傷病險」，以及「健保署核發的重大傷病證明」為理賠依據的「重大傷病險」，都要注意理賠的定義。

舊重疾與新重疾（甲）（乙）型的保障範圍略有不同，如原先涵蓋在舊重疾的大腸癌第一期，不在新重疾（甲）型保障內，但在新重疾（乙）型範圍內。而舊重疾的「冠狀動脈繞道手術」以及「末期腎病變」，原先分別有「心導管檢查」及「兩顆腎臟」限制，在新重疾取消，範圍因而變大。

重大傷病險

健保為了重大傷病患者的長期治療需要，發給重大傷病證明，可免除該病的醫療費用部分負擔。有基於此資格推出的「重大傷病險」，符合條件即可獲賠，多為一次給付型的險種。

保障範圍

重大傷病險的保障範圍是根據「全民健康保險重大傷病範圍」。

以 2023 年 2 月的健保重大傷病範圍來看，共有 30 大類，包含癌症、慢性精神病、慢性腎衰竭、燒燙傷、罕見疾病……等，但依保單條款約定，其中有 8 大類不賠，多與職業病或先天性相關：

❶ 遺傳性凝血因子缺乏

❷ 先天性新陳代謝異常疾病

❸ 心、肺、胃腸、腎臟、神經、骨骼系統等之先天性畸形及染色體異常

❹ 先天性免疫不全症

❺ 職業病

❻ 先天性肌肉萎縮症

❼ 外皮之先天畸形

❽ 早產兒所引起之神經、肌肉、骨骼、心臟、肺臟等之併發症

健保的重大傷病範圍並非固定不變，注意是否包含「契約訂立時」以及「診斷確定時」健保署所公告的重大傷病範圍，避免範圍變動而限縮保障。

初次罹患

通常限制「初次」罹患重大傷病者，才符合理賠資格，因此，有些「非永久性」的重大傷病證明，即便後來復原了，投保後又罹患重大傷病，仍無法申請重大傷病保險金，即使不同的疾病也一樣。

重大傷病證明

除了重大傷病範圍外，最重要的是取得「證明」。

以癌症來說，需「積極或長期治療」的癌症（注意！依國際疾病分類代碼不含原位癌），才符合重大傷病證明的申請資格，因此，若健保署判定不需長期治療，就可能因無證明而無法獲賠。

而在 2021/7/1 之後的商品，除了重大傷病證明外，增加了「區域醫院層級以上開立符合重大傷病範圍的診斷書及當次病歷摘要」，亦可申請理賠。

由於重大傷病證明是基於「長期治療需要」，所以若復原狀況良好、輕症的患者，就可能無法獲賠，但好處是保障範圍大且定義明確，然而仍需注意「保費是否過高」，特別是自然費率的定期險，避免投保當下保費仍低、尚可接受，後期卻隨年紀增長、保費增加而無法負擔。

癌症險、重疾險的差異

癌症險及重疾險都可保障癌症,兩者有何差異?選購時又該注意什麼呢?

保障範圍

癌症險

「傳統型癌症險」除了要符合癌症的定義(有些不包含原位癌或併發症),還需符合個別的醫療方式,才得以申請該項保險金,像住院、手術、化療或放療等等,若之後有新式治療,或只需口服藥而不必住院,就可能無法獲賠。

「一次給付型癌症險」符合罹癌條件後即可獲賠,不受治療限制。

重大疾病險

只要符合條款的癌症定義即可獲賠,但要注意不賠的癌症有哪些。

保險	新重疾(甲)	新重疾(乙)	舊重疾
說明	只理賠重度	輕重度皆理賠	2015年(含)之前定義
癌症保障範圍	經病理檢驗符合「國際疾病傷害及死因分類標準」之惡性腫瘤。 三項除外癌症與輕度所包含的十項癌症，共十三項癌症不賠。	經病理檢驗符合「國際疾病傷害及死因分類標準」之惡性腫瘤。 下列三項除外： ❶原位癌或零期癌 ❷第一期惡性類癌 ❸第二期(含)以下且非惡性黑色素瘤之皮膚癌	經病理檢驗符合「國際疾病傷害及死因分類標準」之惡性腫瘤。 下列四項除外： ❶第一期何杰金氏病 ❷慢性淋巴性白血病 ❸原位癌症 ❹惡性黑色素瘤以外之皮膚癌

給付方式

傳統型癌症險

依保障項目理賠，屬持續性給付，但需留意是否有天數、次數或總額的理賠限制。

重疾險以及一次給付型癌症險

在給付理賠金後，契約通常會終止，所以購買時要仔細估算保額，避免日後不足。

看動畫懂保險

針對重症該怎麼保？癌症、重疾特傷與重大傷病險差在哪？

癌症標靶藥通常是花費最可觀的項目，而隨著醫療進步，許多新式療法一一出現，這些都是傳統型癌症險難以保障到的，因此，建議優先選擇重疾險或是一次給付型癌症險，再以實支型醫療險提供癌症住院的持續性保障。

婦嬰險

保障懷孕的媽媽，以及尚未出生的胎兒。主要保障有懷孕期間的死產、流產，以及生育補貼金、嬰兒先天性重大缺損等。

　　注意投保條件，有些限定懷孕前，有些則是懷孕一定週數內才能投保（如 28 週內），務必確認清楚以免該胎不在保障範圍內。

　　嬰兒的先天性重大缺損及生育補貼，有些會規定待嬰兒出生後滿幾日，判定為先天性缺損或是仍存活者，才能領取保險金。新生兒的疾病定義需多加留意，例如特定先天性心臟病，須符合條款中定義，並非泛指所有先天性心臟病。

注意是否為終身或還本型，保費因而過高，除非非常擔心嬰兒先天性疾病，否則建議先將基本保障做好，避免無剩餘資金保障大風險，反而得不償失。

動動手！

可在此記下你的心得或重點唷！

長照／工作失能／失能

提供失能及看護需求的保障。說明保障範圍
與判定準則，以及三者的差異。

♟長期照顧險

「長期照顧險」是針對符合功能障礙定義、需要長期照顧的人，給予生活補貼的險種。有定期給付的「長期照顧分期保險金」，以及一次給付的「長期照顧一次保險金」，可運用於看護費、購買復健器材、電動床等。

狀態判定

分為「生理」及「認知」兩部分。

根據長照險的示範條款，第一種為「生理功能障礙」，專科醫師採巴氏量表或其他臨床專業評量表，符合下列情況中三項（含）以上自理能力存有障礙：

① **進食**：須別人協助才能取用食物或穿脫進食輔具

② **移位**：須別人協助才能由床移位到椅子或輪椅

③ **如廁**：須別人協助才能保持平衡、整理衣物或使用衛生紙

④ **沐浴**：須別人協助才能完成盆浴或淋浴

⑤ **平地行動**：須別人協助才能操作輪椅或電動輪椅

⑥ **更衣**：須別人完全協助才能完成穿脫衣褲鞋襪，包含義肢、支架

第二種為「認知功能障礙」，專科醫師診斷符合失智狀態（如阿茲海默症、血管性失智症）且依臨床失智量表（CDR）評估達中度以上（即CDR 大於或等於 2 分，非各分項總和）即符合。

保險公司常採「巴氏量表」為肢體障礙的判定基準，針對認知障礙則採「臨床失智量表」，因此非請看護就可以理賠，需留意長照狀態的認定。

免責期間

長期照顧狀態需超過「免責期間」仍未痊癒，保險公司才會理賠。示範條款規定免責期不得高於六個月，天數可由各家訂定，常見的免責期為 90 天。若醫師判定障礙狀態終身無法治癒，則不受免責期的限制。

給付事項

定期給付的保險金，要留意給付頻率（如週、月、年）、給付次數以及給付總限額的規定，每次領取時需確認被保險人仍生存，且仍符合長照狀態。

隨著需要長期照顧的失智、失能人口逐漸增加，長照議題愈顯重要，亦出現以失能或疾病認定的「失能扶助險」、「類長照險」。建議投保前需了解「狀態判定」是否明確，避免產生爭議。

喪失工作能力險（工作失能險）

因意外或疾病而失去工作能力，喪失工作能力險（簡稱工作失能險）可補貼無法工作的薪資損失。注意有些商品僅限意外或疾病導致的工作失能。

狀態判定

各家認定標準不同，所以常因認知不同而有理賠爭議。常見的喪失工作能力定義有以下幾種：

1 經醫師診治後，身體狀況確實不能從事其原來工作，且無法獲得報酬

2 一定期間後，身體狀況不能從事依其教育程度、技能訓練或經驗所得從事之任何工作

3 經醫院診斷確定致成附表所列失能程度之一

另外「部分喪失工作能力」以及「全部喪失工作能力」的認定及理賠也有所不同。

以第一項「喪失工作能力」為例，原先為工程師，因意外受傷，復健後僅能掃地，算不算是喪失工作能力？工作定義不明就易產生理賠爭議。

免責期間

喪失工作能力狀態要超過保單規定的免責期間，在免責期終了之翌日，保險公司才會給付理賠金，所以免責期愈長，保費愈便宜。可評估自己能多久沒有收入，選擇適合自己免責期的保險商品。

給付事項

給付起算日，有些可追溯到「失能診斷確定日」計算，有些則是「免責期終了之翌日」才開始計算。需注意給付期間、週期（如每週、每月、每年等）及理賠上限為何。

由於是為了轉嫁薪資損失，建議可就自身薪資評估，避免保額太高，負擔過多保費。

喪失工作能力的中止

❶ 狀態恢復到與喪失工作能力定義不同

❷ 理賠到最高給付期數或金額

注意有些保單規定需定期檢送醫師診斷書，否則亦視為喪失工作能力中止。

> 「喪失工作能力」的定義各家不同、無法工作的範圍也不同（如無法從事原有工作，或是無法從事任何工作），連帶影響後續的失能證明，都有諸多討論空間而易有爭議。

失能險、失能扶助險

根據內政部 2022 年的統計，疾病是導致身心障礙比例最高（62.5%）的原因。失能險與失能扶助險皆是以「失能等級表」理賠，這些險種能涵蓋因疾病或意外導致的失能風險。

理賠方式

根據失能等級表給付，並依給付方式分為二種：

失能險

為一次給付型，可因應失能時的大筆支出，例如義肢、生活設施改善、學習新技能，或找到新工作前，生活緩衝所需的預備金。

失能扶助險

為定期給付型，如每年或每月給付保險金。可支應長期照護相關的花費，如尿布、血糖試紙、營養品等。由於是定期給付，通常要提出生存證明才會持續理賠。需注意是否因失能等級而依「比例理賠」，以及「給付期限」為何、是否有「保證給付」機制。

> **保證給付**
>
> 即不論被保險人生存與否，同樣給付失能扶助金至約定給付期限（或是身故時，一次貼現給付剩餘失能扶助金）。以失能風險來看，保證給付並非必要，但投保前可留意。

失能等級的理賠範圍

根據內政部的統計資料，身心障礙者的障礙等級，重度以上約佔三成，剩下七成為輕、中度等級，因此，要留意失能等級的理賠範圍。失能險一到十一級失能（最輕）通常都有理賠，而失能扶助險僅理賠到三級失能或到六級失能。

失智跟失能沒關係嗎？

許多人會認為失智症是老化現象，但中樞神經障害引起的失智症狀，如帕金森氏症，造成失語、失認、失行等症狀，若符合失能等級表所述，是在失能險的理賠範圍內唷。

失能險以失能等級表認定，相較於長照險更明確，不過兩者間保障範圍仍有差異，例如有些失智症並非神經損害造成，失能險可能無法理賠，但因認知障礙，生活無法自理而達長照險的理賠標準；反之，兩耳失聰未達長照險理賠標準，但屬失能險的理賠範圍。

⚖ 長照險、工作失能險及失能扶助險差異

當小明出車禍、小明爸失智，兩者都有看護需求時，長照險、工作失能險以及失能扶助險，是否都能理賠呢？

長照險

理賠是依「生理」或「認知」狀態判定，可依巴氏量表、臨床失智量表（CDR）判定。小明因車禍右臂截肢，但可自理生活，所以無法獲賠。小明爸臨床失智量表評估達中度以上，故符合理賠要件。

喪失工作能力險（工作失能險）

喪失工作能力險必須符合工作失能的標準。右臂截肢的小明，醫生判定仍有工作能力，不符條款「依醫院出具診斷書判斷喪失工作能力者」的理賠條件，故保險公司不予理賠。有失智症的小明爸，經醫師判斷無工作能力，符合理賠要件。

失能扶助險

理賠是根據「失能等級表」，保障因疾病或是意外導致的失能。小明右臂截肢，符合失能等級表中的「一上肢肩、肘及腕關節中，有二大關節以上缺失」五級失能而獲賠。有失智症的小明爸，經醫師診斷為神經遺存障害，屬於三級失能亦可獲賠。

看動畫懂保險

長期照顧險 VS 失能扶助險，理賠條件愛注意！

長照險、工作失能險以及失能扶助險，都是用來轉嫁事故期間，薪資損失及生活開銷等費用，但三者保障範圍有所差異。建議需充份了解理賠條件，才能買到適合的保險唷！

年金險

若擔心年老時沒有足夠的日常生活費用，可

購買年金險，以維持生活保障。

☰ 從關鍵字認識年金險

年金險提供「生存」時的保障，可做為退休後的生活花費。

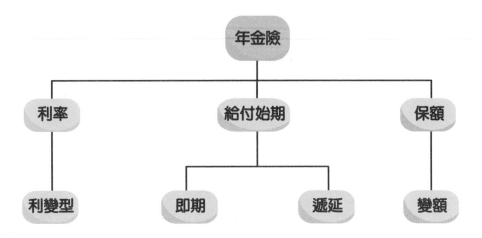

利率

保險公司利用保費投資，根據預定的收益而給保戶的固定利率，稱為「預定利率」。若保單利率會進一步隨著「宣告利率」而變化，此類保單就稱為「利率變動型」。

利變型年金險，又依年金給付金額，分為「固定」的甲型與「變動」的乙型。

給付始期

年金給付的時間點可分為「即期」、「遞延」兩種。即期是契約訂立後即可給付；遞延是約定一定的時間點後才開始給付。

保險額度

有年金型態的投資型保險，保單名稱會出現「變額」，代表保額隨著保單投資績效而有所變動。

🚏 年金險種類

年金險是針對「生存」時的生活保障，像是退休後的生活費、養老費、看護費等。年金險有累積期及給付期，當累積期屆滿進入給付期後，要保人不能終止契約、減額、貸款等。

繳費方式

分為一次繳清的躉繳型，以及分期繳付型。

給付狀況

年金給付始期

❶ 即期年金

簽訂契約後就開始給付，通常是躉繳型年金。

❷ 遞延年金

契約訂立後，約定幾年或是被保險人到幾歲仍生存，才開始給付。

年金給付方式

❶ 定期生存年金

在一定年限內給付年金，但若被保險人在年限內死亡則不給付。

❷ 一般終身年金

只要受領人尚未身故，就能終身領取年金。

❸ 保證期間終身年金

不論被保險人是否身故，保險公司皆會在約定的期間內持續給付。

④ 保證金額終身年金

不論被保險人是否身故，保險公司皆會給付至約定的總額。身故後的給付方式，又可分為分期及現金即時償還兩種。

年金給付金額

❶ 定額年金

給付的金額固定不變。

❷ 變額年金

給付的金額會隨投資收益而改變。

受領人數

個人年金險

由一人受領年金。

多數受領人年金險

約定兩個以上受領人的年金險。

❶ 連生共存年金

受領人皆須生存才會給付年金，若其中一人死亡，就停止給付。例如，受領人為丈夫及妻子，丈夫或妻子其中一人身故，則停止給付年金。

❷ 連生遺族年金

受領人死亡，保險公司仍會持續給付給相關受領人或指定受益人。例如，受領人為丈夫及妻子，受益人是兒子，當丈夫及妻子身故，剩餘的年金由兒子繼續領取。

❸ 最後生存者年金

只要有受領人還生存就要給付年金，直到最後一人身故。例如，受領人為丈夫及妻子，丈夫身故後妻子仍可繼續領取，若之後妻子身故，則停止給付。

團體年金險

通常稱為「企業年金」，以團體為對象訂立保險契約，藉此提供退休、養老金等。例如，某企業替員工投保團體型年金險，從員工薪水中提撥金額，員工於 65 歲退休後，每年即可領取退休金，但若員工沒在該公司退休，就有可能拿不回這些錢。

根據內政部統計，65 歲以上老人平均每月可使用的生活費約為 1 萬 3，擔心退休生活的人，可考慮商業型年金保險。不過別忘了，近期保障還是要先做好唷！

可在此記下你的心得或重點唷！

投資型保險

結合投資的保險商品。由保戶決定投資標的，投資風險亦由保戶自行承擔。

☂投資型保險

投資型保險是由保戶決定投資標的，投資風險由保戶自行承擔，因此，保戶所繳的保費，除了保障的成本外，另一部份會用於金融商品投資。

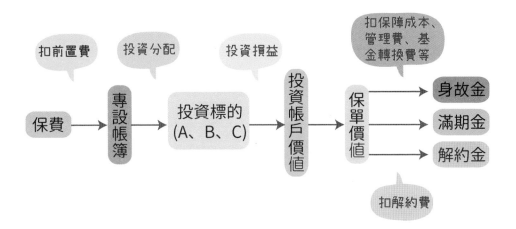

保單價值

分為兩個部分，一是「一般帳戶」，保戶繳納危險保費，交由保險公司管理，用來支應保障所需的費用，如身故理賠金；二是專設的「投資帳戶」，保費扣除相關費用後，餘額累積至專設的投資帳戶，由保戶自行管理，保戶可藉由投資標的，如基金、債券，累積投資帳戶價值。

投資帳戶的資產，與保險公司的資產是分開的，因此若保險公司不幸倒閉，保險公司的債權人不能扣押或追償保戶的投資帳戶資產。

投資型保險的類型

要先認識兩個名詞，「變額」是指保險金額非固定；「萬能」則代表繳費的時間及金額都是彈性的。

變額壽險

繳費的時間及金額固定，但保額會隨投資標的價值而有所變化。

變額萬能壽險

跟變額壽險一樣，但繳費時間及金額是彈性的，結合「變額」及「萬能」的特性。

變額年金

跟年金險的給付方式一樣，其中累積期與給付期
的保障，同樣會隨著投資帳戶的價值而有所不同。

壽險身故保險金

▶ **甲型：身故保險金的額度，是由契約保險金或投資帳戶價值兩者取其高。**

▶ **乙型：身故保險金為契約保險金加上投資帳戶價值的總額。**

死亡給付對保單帳戶價值之最低比率規範

基於保險回歸保障的本質，金管會對於人壽商品的死亡給付與投資帳戶價值有最低的比率規範，如 35 歲的被保險人，死亡給付 / 投資帳戶價值的比率不得低於 160%，購買時可多加留意。

費用收取方式

以變額壽險來說，保費除了用來做為保障成本的「危險保費」，亦有前置費、後收費、管理費、投資標的轉換費等等。

前收型

通常在前幾年收取前置費用，之後不再收取。例如年繳 10 萬保費，第一年前置費用為 60%，第二、三年各 30%，第四、五年 15%，五年全部的前置費為 15 萬（150%）。扣除前置費以及其他管理費後，才是投資用的金額。

後收型

雖不會收取前置費用，但每月會在投資帳戶價值扣除一定的比例（例如，每月扣除 0.073%，約每年收取 0.88% 費用）。由於收取的費用是依帳戶價值而定，因此，當帳戶價值越高，被收取的費用也就越高。

以某「前收型」商品為例，每年繳 10 萬元，第一年的前置費用為年繳保費的 60%（即 6 萬），第二、三年為 30%，第四、五年 15%，第六年之後就沒有前置費用。某「後收型」商品，則是採躉繳（一次繳）500 萬，每月收 0.073% 的費用，假設日後投資失利，導致保單帳戶價值為 400 萬，則每月收 0.073%（約 2,900 元）的費用，反之，投資獲利而保單帳戶價值為 600 萬，則每月收 0.073%（約 4,400 元）的費用。

◉ 因商品多樣化，例子僅供參考，詳情請見各商品介紹與條款說明。

不管前收或是後收型的投資型保險，由於危險保費多採自然費率，須審慎考慮投資型保單的投保年期與附約搭配，避免日後不想投資或是危險保費過高而影響自身保障。

保戶投資自負盈虧，需留意投資帳戶價值，避免扣除危險保費時，餘額不足導致保單停效，甚至失效。

旅行平安險

在旅行期間不幸發生意外事故，或是突發疾病需就醫治療，能給予保障與協助。

♦ 旅行平安險

出國旅行前，阿花很開心自己的信用卡有送旅平險，不用像小珠加保旅平險。然而旅行第三天，阿花因急性腸胃炎住院兩天，醫療費折合台幣要 30 多萬，這時才發現她的旅平險不賠疾病，醫療費必須靠自己了。

旅行平安險

意外死亡及失能主約

與意外險類似，因意外造成的失能或身故都會理賠，不同的是，若因交通工具延遲抵達或被劫持，會自動延長保險期間。

旅平險產險或壽險公司都有，常見的保障天數是一百八十天，保額可達數千萬元，不過有些會因為年齡或職業而有上限，投保前請詢問清楚。

意外醫療附加條款

較常見的是「實支型」的意外醫療，在限額內給付超出健保的醫療支出。常見的保額是以「旅平險主約」額度的百分之十為限，例如投保一千萬的主約，最高可附加到一百萬。此外亦有「日額型」意外醫療唷！

海外突發疾病健康保險附加條款

保障範圍限於「海外」發生疾病時，在限額內理賠實際醫療支出，包含門診、急診、住院。

突發疾病的常見定義為：「被保險人需即時在醫院或診所診療始能避免損及身體健康之疾病，且在本附約生效前一百八十日以內，未曾接受該疾病之診療者。」由此可知，出國前幾天已發生的疾病可不理賠。

保額依項目而有不同，「住院醫療」常是以主約額度的百分之十為限，而「急診」、「門診」又以住院醫療的百分之幾為限。

針對醫療花費較高的國家，有些保單會提高理賠倍數，出國前可多加留意。

旅行不便險

針對行李遺失、班機延誤等狀況而給予補償的「旅行不便險」，通常在產險公司才有。

信用卡贈送的旅平險

信用卡公司為了鼓勵消費，常有以信用卡刷旅行團費或交通工具費（機票），即贈送旅平險的優惠。

公共運輸工具旅平險

信用卡贈送的旅平險，通常是「公共運輸工具旅平險」，僅限搭乘如飛機、火車、船等大眾運輸工具，且要在前後一定時間內才有保障。

以某保單為例「被保險人於保障期間內，因下列情況遭受意外傷害事故，致其身體蒙受傷害而致失能或死亡時，保險公司依照保險契約的約定，給付保險金：於飛機原訂起飛或實際起飛前 5 小時使用交通工具前往機場期間、於機場內、於飛機抵達機場後 5 小時內，使用交通工具離開機場期間。」

急難救助

各家保險公司提供的海外急難救助有些微不同，主要包含旅遊協助、醫療救援兩大類，而醫療救援當中的「醫療費代墊」及「緊急醫療轉送回國」是很重要的唷！

醫療費代墊

國外的醫療費很容易高達數十萬，即使有保險，但必須要回台申請才有保險金，無法立即支付，此時「醫療費代墊」便能派上用場。各家代墊限額不同，有些是以承保金額為限，有些則是限定一筆金額（例如美金 5 千元）。

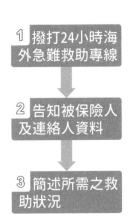

1 撥打24小時海外急難救助專線

2 告知被保險人及連絡人資料

3 簡述所需之救助狀況

緊急醫療轉送

當需要轉到更好的地方治療，甚至轉送回國，其運送費用及隨行醫療人員等花費可能高達百萬元，此時「緊急醫療轉送」就能協助處理，依各家內容不同，有些費用是公司全程負擔，有些則是在限額內支付（例如美金 2 萬 5 千元）。

不過並不是每家都有這些急難救助，有些會僅限申根區旅行，或是因意外所致才得以使用，在投保前都要多加留意唷！

至申根區旅遊，沒買保險會被遣返？

2010 年申根公約國規定，入境申根簽證，需有一定額度的旅遊醫療保險，因此市面上出現「申根旅遊專用」的醫療保險，不過在 2011 年後，台灣入境申根區短期觀光或商旅可免簽證，醫療保險證明已非必備文件，但仍建議要投保一定額度的醫療險，避免海關隨機要求，或不幸在當地發生事故，無法負擔高額的醫療費用。

旅平險的保障與意外險類似，因此投保旅平險前可與已有的保險（如意外險）一同衡量。許多國家不像台灣有健保支出，其醫藥費動輒數十萬起跳，因此，要多留意海外疾病、醫療險額度，同時注意有多張保險時，正、副本理賠等問題。

意外險和旅平險的差異

一般意外險並無限制事故發生地，即便在國外發生事故，仍在保障範圍內，所以出國時，不單只有旅平險能提供保障。那麼意外險跟旅平險的差異在哪呢？

保障內容

意外保障

兩者主約都是保障意外身故與失能，可附加意外醫療險，分為實支型及日額型。保額部分，意外險的實支型醫療額度通常是數萬元，而旅平險的實支型意外醫療，常是主約的百分之十為限，因此額度可到數十萬。

海外突發疾病

旅平險的「海外突發疾病健康險」可保障海外期間生病的醫療費，常見額度為主約的百分之十（有些不受此限制），而意外險保障範圍不包含疾病。

旅行不便險、個人責任險

不論是壽險或是產險公司都有旅平險，而產險公司賣的旅平險，另有「旅行不便險」及「個人責任險」，前者是補貼旅行中的損失，如行李遺失、班機延誤或取消等，後者則是不慎造成他人損害而需賠償時，能補貼部分賠償費。

保障期間

保險期間

意外險多為一年一約，而旅平險是以天為計算單位，最長通常是一百八十天。有些旅平險號稱可達一年，但實際上可能是一百八十天加一百八十天加五天（三份），又或是一年內不限出國次數，每次旅程不得超過九十天的旅平險，投保時請記得詢問清楚。

意外險與旅平險的保險期間，都是以契約上所載的日時開始，所以要留意投保的時間點。例如，下午的班機，若在上午即投保，那麼上午前往機場的路上仍受到保障。

與意外險不同的是，旅平險有保險期間延長條款，搭乘交通工具遇到延遲或是劫持事件，便會自動延長保險期間。

保證續保

定期的意外險可分為保證與非保證續保，差異在於是否須經保險公司同意才得以續保；旅平險則無保證續保與否的問題。

保障限制

除外責任

根據示範條款，意外險與旅平險對於故意、犯罪行為，以及戰爭等情況是不理賠的。

除此之外，旅平險比意外險多了一項「非以乘客身分搭乘航空器具或搭乘非經當地政府登記許可之民用飛行客機者。但契約另有約定者，不在此限。」所以，若在國外旅遊搭乘非經許可的小飛機，可能不在旅平險的保障範圍內唷。memo 意外險除外責任 ➡ 58 頁

不保事項

依據示範條款，意外險與旅平險的不保事項相同，對於某些競賽及表演是不保的，如柔道、空手道、機車的競賽或表演。

恐怖攻擊限額理賠

較特別的是，恐怖攻擊雖不在意外險及旅平險的除外範圍內，但可留意「產險公司」的旅平險或意外險，是否有所謂的「傷害保險恐怖主義行為保險限額給付」（通常是 200 萬）。

出國可透過旅平險加強保障，但投保天數通常有限制，且主要是以旅遊為目的，因此要向保險公司詢問投保規則為何。若要長期待在海外，亦可留意該國是否有類似健保的制度讓外國人投保。

汽車保險

車禍事故所造成的人員、財產損害可能極大
而無法負擔，需了解車險種類與保障範圍，
給自己與對方足夠保障。

🚏車險種類

除了自身健康的風險之外，開車發生事故，若造成人員、車輛的損傷，強制險的保障通常是不足的，為了避免因事故而需付出大量的理賠金額，因此要了解各險種的保障範圍，保護對方也保護自己。

險種/保障範圍		強制險	第三人責任險	超額責任險	補強險種
我方	駕駛				駕駛人傷害險
	乘客	✓		△	乘客險
	車輛				車體險
對方	駕駛	✓	✓	✓	
	乘客	✓	✓	✓	
	車輛		✓	✓	
第三人(行人)		✓	✓	✓	

※ 超額責任險是否保障「我方乘客」依商品而定

強制險

依法規定必須投保的保險，目的是讓交通事故受傷或死亡的受害者，能夠獲得基本保障。

任意險

泛指強制險以外的保險，可自行選擇，稱為「任意險」，用以加強人員受傷、車輛損壞等保障。

例如第三人責任險、超額責任險、駕駛人傷害險，乘客險、車體險等。

車險基本款

強制險

▶ 保障：我方乘客（不含駕駛）、對方駕駛與乘客、和遭受波及的人（如行人）。

提供每一人死亡及失能 200 萬元、每一人體傷 20 萬元的保障。

注意強制險只保障人員受傷，不保障車輛等財物損失！

第三人責任險

▶ 保障：對方駕駛乘客、車輛／財產，以及受波及的人（如行人）

補強強制險不足的部分。若體傷超過強制險保額，或對方求償修車費，第三人責任險就可以啟動～

保障分為體傷、財損兩部分，可自行調整額度投保，如體傷 300 萬＋財損 50 萬、或體傷 200 萬＋財損 30 萬等。

超額責任險

▶ 保障：對方駕駛乘客、車輛／財產，以及受波及的人（如行人）、我方乘客（依商品而定）

強制險及第三人責任險都不夠用時，就是超額責任險派上用場的時候！

保費非常便宜，建議保額至少 1000 萬，若不甚撞到超跑也不用心慌慌了～超額責任險會依「是否保障我方乘客」而有區分，投保時可多加留意！

◉ 必須先投保第三人責任險才可附加

補強人身保障：駕駛人傷害險 & 乘客險

駕駛人傷害險

▶ **保障：我方駕駛**

發生交通事故時，駕駛受傷或死亡可以理賠。可依人身保險(如意外險)做綜合考量，來決定是否加保。

乘客險

▶ **保障：我方乘客**

發生交通事故時，駕駛人有過失，造成自己車上乘客死亡或體傷，乘客險即可理賠。

補強車輛保障：車體險甲 / 乙 / 丙式差異看這裡

車體險全名為「車體損失保險」，依事故原因主要區分為甲、乙、丙三式，保障範圍甲 > 乙 > 丙，範圍愈廣保費愈高。

責任險除了保障受害者之外，亦避免自己被求償而破產，因此需詳細了解各險種的保障範圍與被保險人定義，依自身開車狀況，做好適切的保險規劃。

有騎車或開車的人，通常都會被要求投保汽機車強制險，但你知道一旦發生事故，保障有哪些嗎？保障對象又是誰呢？強制險提供的基本保障你一定要瞭解！

保障對象

發生交通事故時，以下兩種人的身體受到傷害、死亡及失能，即為強制險的保障對象。

車外第三人

指的是該輛車以外的人。例如小明開車撞到同樣在開車的小華，同時導致路人甲受傷，那麼小明的強制險可理賠給小華及路人甲，若小華車上有載乘客，也需理賠。

乘客

指的是該輛車的乘客。例如小明載著小美，開車撞到正在開車的小華，身為乘客的小美可獲賠。

要留意的是，強制險並不包含該輛車的「駕駛人」。意即若開車自撞電線桿，未禍及其他車輛時，那麼「駕駛人」本身是無法獲賠的，但若為兩輛車碰撞，那麼就可由對方車輛的強制險理賠（車外第三人）。

保障範圍

保障範圍有醫療費、失能及死亡給付等三大項。

醫療費

▶ **急救費**

像是搜索費、救護車及隨車醫護人員費。

▶ **診療費**

健保給付範圍內的自行負擔費用，以及非健保給付範圍內的費用：

① 病房差額，每日 1,500 元為限

② 掛號費、診斷證明費

③ 住院期間的膳食費，每日 180 元為限。

④ 義肢器材及裝置費，每一上、下肢 5 萬元為限。

⑤ 義齒器材及裝置費，每顆 1 萬元為限，五顆以上，限額 5 萬元。

⑥ 義眼器材及裝置費，每顆 1 萬元為限。

⑦ 其他非健保規定給付的醫材費（含輔助器材費）及非具積極治療性之裝具，
2 萬元為限。

▶ **接送費**

往返門診、轉診或出院的交通費，2 萬元為限。

▶ **看護費**

住院期間因傷情嚴重所需的特別護理費及看護費等，居家看護則需醫師證明有其必要。每日 1,200 元為限，最多三十日。

每一事故的每一受害者給付醫療費總額為 20 萬元。

失能

依照強制汽車責任險的失能給付標準表，失能等級分為 15 級，第一級為 200 萬元，第十五級為 5 萬元。

若同時有多項失能時，按最高失能等級給付，不過失能若皆落在十四級之內，則依不同等級範圍，就其最高等級再加級（最高加至一等）

❶ **一級至十四級：依其最高等級加一等**

❷ **一級至八級：依其最高等級加兩等**

❸ **一級至五級：依其最高等級加三等**

但要留意，加級後的金額，若高於各失能等級分別計算後的合計時，那麼就是按合計額給付唷。例如阿華同時有兩項失能，分別符合「五級」、「十三級」，按規定「五級」可加升一級為「四級」理賠金 123 萬，但原先「五級」理賠金 107 萬，以及「十三級」理賠金 10 萬，兩項加總為 117 萬，所以要改按照合計總額 117 萬給付。

死亡

身故給付一人為 200 萬元。

遺屬請領順序是：

1 父母、子女及配偶

2 祖父母

3 孫子女

4 兄弟姐妹

同一順位有數人時，則是按照人數「均分」唷！

例如小明被阿美撞死，小明的家屬可申領強制險的 200 萬理賠金。小明的遺屬有父母親及一個姐姐，能得到理賠金的是父母親一人各 100 萬，姐姐則無法請領。

死亡給付金性質不屬於受害人的遺產，而是屬於請領之人的補償給付。若無前述遺屬，則是由支出殯葬費的人請領，請領金額以殯葬費支出為限。若扣除殯葬費還有餘額，這些金額就會被歸為「特別補償基金」。

上述三大項理賠金額，就每一事故的每一受害者，最高給付總額以 220 萬元為限。

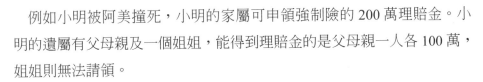

除外不給付

當受害者或請求權人因以下行為導致事故發生，那麼保險公司可不予給付或部分給付：

1 故意行為

2 犯罪行為

理賠後追償

強制險是用來保障「車外第三人以及乘客」，一方面替被保險人（我方駕駛）提供給他人基本保障，另一方面，也保護被保險人，透過強制險可負擔一些賠償金，然而在某些狀況下，保險公司賠完對方後，可以行使請求權，向被保險人追償唷！

1 飲酒或其他類似物後駕駛車輛，其酒精濃度超過道路交通管理法規的標準。

2 有吸食毒品等相似的管制藥品。

3 故意行為。

4 犯罪行為或逃避拘捕。

5 違反道路交通管理處罰條例第 21 條或 21-1 條。例如無照駕駛。

追償的金額以給付金額為限，依「肇事責任比例」追償。

以阿華「酒駕」撞到小明為例，肇責比例阿華為 80%，小明為 20%，而小明因車禍失能，保險公司賠了小明 100 萬之後，因為阿華酒駕和肇責比例，所以保險公司可向阿華追償 80 萬元。

特別補償基金

若遇到以下狀況，無法向對方保險公司申請理賠，即可向「特別補償基金」請求補償金。金額與強制險相同，可向有強制險的產險公司辦理。

1 事故汽車無法查究。

像是肇事逃逸，查不到是哪一輛汽車。

2 事故汽車為未保險汽車。

❸ 事故汽車係未經被保險人同意使用或管理被保險汽車。

像是車子被偷，其贓車發生事故。不過這項認定在尚未確認之前，仍可由該輛車的保險公司先「暫時」給付保險金。

❹ 事故汽車全部或部分為無須訂立本保險契約之汽車。

例如農耕車。若事故汽車皆為無須訂立本保險契約之汽車（如全是農耕車），則其駕駛人無法申請。

但若有下列狀況，即可能被要求返還：

❶ 已從賠償義務人（例如肇事者）獲得賠償，則給付時應扣除其金額，若未扣除，可要求返還。

❷ 受害者體傷或身故，並非因交通事故所致，或為故意、犯罪行為。

❸ 受害者是屬於單一汽車事故的駕駛人，例如開車自撞電線桿的駕駛人。

> 強制險理賠是採「無過失責任」，即便對方肇事責任是 100% 而受傷死亡，我方的強制險仍會理賠！而強制險只提供身體損害的「基本」保障，並不包含財損，因此，若認為保障不夠，建議可用任意險做加強唷！

第三人責任險

強制險僅提供死亡失能兩百萬、醫療二十萬的基本體傷保障，沒有財損保障。若車禍導致對方癱瘓，或是撞到名車，理賠金皆可能高達千萬，為了避免被龐大理賠金壓垮，建議可透過「第三人責任險」提高保障噢！

死亡體傷保障

保障內容

指被保險人的車子發生意外事故時，造成第三人有死亡、體傷，依肇事比例求償時，可由保險公司依約賠償給對方。

常見的理賠費用包含：

1 急救或護送費。

2 醫療費：包含掛號、醫藥、X光檢查等必要花費。

3 交通費：在治療期間受傷者來往醫院必須的實際交通費。

4 看護費：嚴重且必要者為限。雇用特別護士亦可，但需主治醫師認為必要的書面證明。

5 診斷書、證明書費。

6 喪葬費及精神慰問金：參照被害人的工作收入、受扶養人數、生活程度及當地習慣等給付金額。

7 自療費用：參照以往醫藥費與醫師診斷書記載應繼續治療時間，給予未來必需的自療費用。

8 其他體傷賠償。

被保險人

被保險人包括「列名」被保險人及「附加」被保險人：

▶ 列名被保險人：保險契約載明之被保險人，包括個人或團體

▶ 附加被保險人：

  ❶ 列名被保險人的配偶、家長及家屬

  ❷ 列名被保險人所僱用的駕駛或所屬之業務使用人

  ❸ 經列名被保險人許可使用或管理被保險汽車之人

超過強制險才理賠

保險公司是針對「超過」強制險的給付標準部分才負賠償之責，因此，就算被保險人沒有強制險，或屬於強制險的不給付、可追償等特殊情況者，第三人責任險的賠償金仍會先扣除強制險應給付的金額。

例如小明撞到阿華，肇事比例分別是小明 80%、阿華 20%。阿華醫療費用 100 萬元，小明強制險及第三人責任險分別要賠給阿華：

▶ 強制險：20 萬元（採無過失責任制，與肇事比例無關）。

▶ 第三人責任險：60 萬元（總金額 100 萬元 × 肇事比例 80% －強制險理賠金 20 萬元）

財物損失保障

保障內容

指被保險人的車子發生意外事故，造成第三人財損，並依肇事比例求償時，可由保險公司依約賠償給對方。

常見的理賠費用包含：

① 運費：搬運財物損壞所需的實際費用。

② 修復費用：修復財物所需的費用（以實際價值為限）。

③ 補償費用：寵物、衣服、家畜、紀念品等受損害，無法修理或恢復原狀時，按實際損失協議理賠。

④ 其他依法財損賠償。

依肇事比例理賠

理賠金額則是以肇事比例來看，例如開法拉利的小明撞到騎機車的小華，肇事比例小明是 80%、小華是 20%，當小明的法拉利修車費需要 1000 萬時，雖然小華只有 20% 的責任，但因為對方車價高，所以小華必須負擔 200 萬修車費，此時便可透過「第三人責任險」賠償給小明。

第三人責任險是採「過失責任制」，當有肇事而需依法負擔賠償時，才會理賠。第三人責任險針對體傷，通常有單一事故的限額，而財損部分，若要提高保額，其保費亦不便宜，因此可以考慮超額責任險。

超額責任險

「超額責任險」為「第三人責任險」的附加險，用來彌補強制險及第三人責任險的不足，有分為「每次事故總額」、「保險期間總額」的超額責任險。

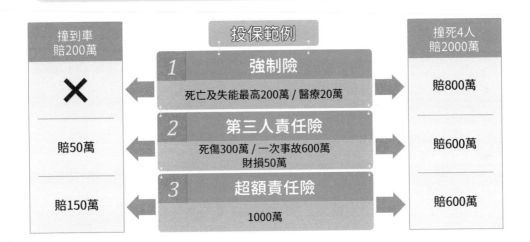

理賠狀況

　　超額責任險不分財損或體傷，針對強制險、第三人責任險不夠賠的部分，即能在限額內理賠。

以小明的保險為例：

❶ **強制險：死亡及失能最高 200 萬 / 醫療 20 萬**

❷ **第三人責任險：死傷 300 萬 / 一次事故限額 600 萬 / 財損 50 萬**

❸ **超額責任險：1,000 萬**

　　先分別以財損與體傷說明，在無超額責任險的狀況下，要負擔多少費用 (例子僅供參考，理賠請依實際狀況為主)

撞到車賠 200 萬

強制險不賠,第三人責任險賠 50 萬。若無超額責任險就需自付 150 萬。

撞死四人共 2,000 萬 (500 萬 / 人)

強制險 200 萬 ×4 = 800 萬,第三人責任險一次事故最高 600 萬,共 1400 萬,若無超額責任險還需自付 600 萬。

由於小明有 1000 萬的超額責任險,可以用來支付財損的 150 萬和體傷的 600 萬,所以不需再額外支付。

超額責任險不分財損或體傷,因此建議投保超額責任險,避免因車禍被鉅額求償。有些超額責任險有保障「我方乘客」,可視需求決定,投保時可多加留意。

🚦乘客險

公司同事和我住很近，所以我開車載他上下班，某天發生車禍，同事失能無法上班，向我求償 500 萬，我好心載同事上下班還被求償，為了這事還吵到不可開交，真的很倒楣，早知道就買乘客險。

乘客險全名為「乘客體傷責任保險」，附加在第三人責任險，除了保障乘客外，同時也分擔了駕駛（被保險人）被乘客依法求償而需賠付大量金錢的責任。

定義

被保險人

與第三人責任險相同，包括「列名」被保險人及「附加」被保險人。

▶ **列名被保險人：保險契約載明之被保險人（通常為車主），包括個人或團體**

▶ **附加被保險人**

　❶ 列名被保險人之配偶、家長及家屬

　❷ 列名被保險人所僱用之駕駛或所屬業務使用人

　❸ 經列名被保險人許可使用或管理被保險汽車之人

乘客

除駕駛人外，乘坐或上下被保險汽車之人，包含被保險人之配偶、家長、家屬及受僱人。

保障範圍

被保險人因使用或管理被保險汽車發生意外事故，導致乘坐或上下被保險汽車之乘客受傷或死亡時，依法應負賠償責任而受到賠償請求。注意有三要點需符合：

① 乘客乘坐或上下被保險汽車時受傷或死亡

② 被保險人依法需負賠償責任（有肇事責任）

③ 受到賠償請求

強制險亦包含我方乘客，理賠順序為強制險先賠，不足再由乘客險理賠。來看下面的例子：

小明開車載著鄰居三兄弟大毛、二毛、三毛一同出遊，途中發生車禍，三兄弟不幸過世而小明活了下來。三兄弟的家人向小明提出賠償請求，假設小明沒有肇事責任，沒有理賠責任，所以乘客險不賠，但強制險還是會賠。但若小明有肇事責任，判定小明需賠三兄弟每人 500 萬，扣除強制險 200 萬後，小明還需賠每人 300 萬，此時乘客險會理賠。

此外，若超載會打折理賠喔，假設和保險公司約定被保險汽車承載四位乘客，但實際有六位乘客，原先乘客險每人各理賠 300 萬，但因超載打折，就變成每人理賠 200（300×4/6）萬。

> 經常載朋友、同事的駕駛朋友，記得規劃乘客險或是有保障「我方乘客」的超額責任險，能給乘客保障外，亦分擔駕駛的理賠責任，好避免因車禍賠償傷了彼此間的和氣。

153

🚗 駕駛人傷害險

當發生自撞、自摔，未涉及其他車輛的交通事故，駕駛不在強制險、第三責任險等保障範圍內，此時可以利用駕駛人傷害險來補強。

駕駛人傷害險為附加險，有附加在「強制責任險」以及「第三人責任險」兩種，其差異如圖。

		附加在「強制險」	附加在「第三人責任險」
被保險人		車主本人及 經同意使用的人	車主本人及 列在要保名冊上的人
保障範圍		自撞、自摔等單一事故	自撞、對撞
保障項目	死亡	依保額	依保額
	失能	依強制險失能等級表 1~15級	依商業保險失能等級表 1~11級
	醫療	強制險20萬	依商品規定
保費		較低	較高

※（網路投保）需注意被保險人是否「僅」車主本人，保費會較便宜

需經被保險人書面同意

因為道德風險的考量，保險法第 105 條第 1 項規定：「由第三人訂立之死亡保險契約，未經被保險人書面同意，並約定保險金額，其契約無效。」投保前需確認誰是被保險人，且需經被保險人「書面」同意，好避免理賠爭議。

由於附加在不同險種、通路的被保險人範圍不同，投保時需留意，另外，可以參照駕駛人本身的意外險，決定是否投保與保險金額大小。

🚏 車體險

購買新車時，是否被甲、乙、丙式車體險搞得昏頭轉向呢？車體險全名為「車體損失保險」，理賠包含汽車的救護費用、拖車費用及修復費用。車體險依事故原因而有不同的保障範圍，分成甲、乙、丙三式。

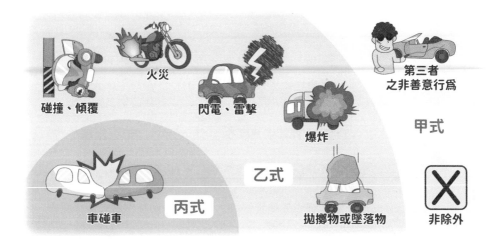

火災

碰撞、傾覆　　　閃電、雷擊　　　爆炸　　　第三者之非善意行為

甲式

車碰車　　　乙式　　　丙式　　　拋擲物或墜落物　　　非除外

保障範圍

甲式

▶ 碰撞、傾覆。例如撞到電線桿翻覆。

▶ 火災。

▶ 閃電、雷擊。

▶ 爆炸。

▶ 拋擲物或墜落物。

▶ 第三者之非善意行為。例如車停路邊被人刮傷車。

▶ 不屬本保險契約特別載明為不保事項之任何其他原因。屬於概括式條款，意指不在除外事項的原因都能理賠。

乙式

▶ 碰撞、傾覆。

▶ 爆炸。

▶ 火災。

▶ 拋擲物或墜落物。

▶ 閃電、雷擊。

與甲式的差別在於乙式屬於列舉式，發生上述五種狀況才得以理賠，因此若有不明原因造成車損壞，乙式不能理賠。

丙式

▶ 必須與車輛發生碰撞、擦撞，才得以理賠。也就是一般俗稱的「車碰車險」。

例如阿桃為了閃車而自撞電線桿，不在丙式的理賠範圍內；但若是與阿魯轎車對撞，這種狀況即在丙式的理賠範圍內。不過要注意，肇事逃逸的車輛若無法確認者，也是不賠；但經憲警或由保險公司查証屬實者，則可賠。

另外，目前有些保險公司推出「丙式限額」、「丁型限額車碰車」，其理賠內容與丙式一樣，不同的是有加上理賠限額。丙式保額為車輛重置價值扣除折舊，而限額車碰車直接約定保額，如某車扣除折舊後丙式保額為 20 萬，限額車碰車保額約定 10 萬，後者保費較低。

一般來說，常見的天災如颱風、地震、淹水等造成的車輛毀損，通常不屬於車體險的理賠範圍，但有些可透過「颱風、地震、海嘯、冰雹、洪水或因雨積水」附加條款提供保障。

理賠範圍

以保額為限，依下列範圍理賠：

▶ **救護費用：**

為了維持損害現狀或防止損害擴大，所需保護、搶救、搶修的正當費用。

▶ **拖車費用：**

移送受損汽車至保險公司同意的最近修理廠，所需的正當費用。

▶ **修復費用：**

包含了修復工資、材料或裝配零件、配件以及訂購零件、配件、材料等所需的費用。保險公司可以採下列方式來修復汽車：

① 修復賠償：修復至汽車毀損發生前「相似」的原狀，不包括加班費、趕工費、加急運費、空運費、特別運費等等。

② 現金賠償：以保險公司調查的市價或與被保險人協議後，以現金賠付。

保險代位

小明有投保車體險，在路上被阿華的車撞到，那麼小明可向保險公司申請修理費的理賠金，保險公司理賠後，則可向阿華求償修理費，小明免去了求償之苦。

上述即為「代位求償」的觀念，當被保險人 (小明) 因第三人 (阿華) 而有損失，而此損失為保險公司的保險責任時，那麼保險公司理賠給被保險人之後，則可「代位」行使被保險人對第三人的請求權。

當第三人是被保險人的家屬、受雇人時，那麼保險公司無代位請求權而無法求償，不過若是故意的，那麼保險公司就有權求償。

免追償條款

車體險的被保險人，包括「列名」被保險人及「附加」被保險人。

▶ **列名被保險人：保險契約載明之被保險人，包括個人或團體**

▶ **附加被保險人（注意！與第三人責任險不同）：**

　❶ 列名被保險人之配偶、家長及家屬、四親等內「血親」及三親等內「姻親」

　❷ 列名被保險人所僱用之駕駛或所屬業務使用人

　❸ 經「保險公司」同意之列名使用人

若不是車體險的被保險人（如朋友）開車導致車體損失，車體險理賠後，同樣會代位追償，除非有「免追償」條款。

> 甲乙丙式的理賠條件不同，因此若擔心車子受損而需車體險時，請先了解保障範圍與不保事項唷。另外，可依個人需求附加車體「全損」免折舊條款，會依投保金額理賠，否則賠償金額需扣除折舊喔。

小結

將風險與險種對應，並指出各險種重要的保障項目，有助於整體性的了解。

🔰 透過風險與給付類型認識保險

除了理賠責任和財物損失風險，人生有老、病、死、殘四大風險，建議透過這些「風險」，以及保險的「給付類型」來認識保險，進一步規劃出適合自己的保單。

保險給付類型

一次給付型

當被保險人符合理賠條件，保險公司即給予一大筆保險金，由被保險人自行運用，不須依項目逐次申請理賠。

如重疾險，符合其中一項疾病即可獲賠，不用擔心後續治療是否在保障範圍內，但理賠後通常會終止。

持續性給付

符合理賠條件，可依照保障項目持續申請給付，不會因理賠而終止。如理賠化療的傳統型癌症險，符合癌症定義，要再符合化療條件（如需住院且採注射方式的化療）才可持續性理賠，但亦需注意是否有總額的限制。

給付類型的優缺點

由於醫療進步，新式治療可能會不在保單的保障項目內，因此建議優先考慮一次給付型的險種，再輔以持續性給付險種。以癌症化療為例，目前多需住院注射，但未來若採口服化療而免住院，就可能無法獲賠。

一次給付型的險種，符合要件即可獲賠而可自行運用，但也代表要承受接下來的風險，若保額不夠，面對「長時間」的費用支出，就可能出現風險缺口，所以需要仔細評估保額。

身故

考量身後會有多少費用留給家人承擔，如負債（房貸、車貸等等）、家庭生活開銷、子女學費、喪葬費，藉此評估壽險保額。壽險通常採一次給付，但避免不當花用等因素，亦有分期給付（如每年給付 60 萬）。

失能

除了醫藥費之外，失能截肢後的義肢、骨折支架等大筆花費，甚至復健休養時的生活費、看護費等都要考量進來。

若選擇一次給付型的險種（如意外險、失能險），就需將上述費用一併估算，以免低估保額產生風險缺口。

除了「一次給付型」險種外，可再利用「持續性」給付的險種（如失能扶助險）給予長時間的保障。

疾病

罹病住院時，醫療費、生活費都得持續支出，失能甚至需要長期照顧，此時可利用住院醫療險、失能扶助險這類持續性給付的保險。

針對重大疾病或可能失能的疾病，可選擇一次給付型的險種，如重疾險、重大傷病險、失能險。

癌症

標靶藥物不在傳統癌症險的保障範圍內，所以可優先考量一次給付型的險種，如重大傷病險、重疾險、一次給付型癌症險。若有些標靶藥物需「住院」治療，可透過實支醫療險來輔助。

除了醫藥費外，還可能有失能或喪失工作能力等情形，此時可利用失能扶助險這類險種，來支應長期照護的開銷；若都要以一次給付型的險種轉嫁醫療及生活費，就得注意保額。

退休

根據行政院經建會的統計，國人的平均歲數愈來愈長，意味退休後無收入的期間會拉長，這段期間的日常開銷，就可透過持續性給付的年金險來轉嫁。

 面對人生不同的風險，可透過不同的險種與給付類型轉嫁，並非只能從「一次給付型」或「持續性給付」類型中二擇一，而是可用比例來搭配。

ᛐ 各險種重要保障項目

有些險種附加許多保障內容，看似豐富，卻也造成選擇上的困難，因為這些附加內容，不見得每一個保險商品都有。其實只要先著重「主要」的保障項目，選擇適合自己的保險沒那麼困難。

壽險

　　壽險轉嫁身故、完全失能所遺留的債務與家庭責任，因此重點在於「身故保險金」、「完全失能保險金」。保額可依債務與家人生活費來估算。

意外險

　　意外險轉嫁意外造成的死亡或失能，有些商品會有天災、搭乘大眾交通工具等特殊意外的加倍理賠，但意外險重點在於「失能」，理賠金用來支付發生事故後過渡期的花費，所以要評估不同失能等級的金額是否足夠。

意外醫療險

因意外住院可透過「住院醫療險」轉嫁，所以著重於意外而無住院的情形。根據理賠類型分為實支型及日額型。

「實支型」不限住院，門診醫療亦在保障範圍內，若需長期回診，或不需住院但門診雜費高的狀況，可用此險種轉嫁；「日額型」可轉嫁意外骨折未住院之狀況。

住院醫療險

不論疾病或意外都在保障範圍內，大多需以「住院」為前提。根據理賠類型，分為實支型及日額型。

▶ **實支型**

轉嫁住院期間的實際花費，因此「雜費」限額是重點。實支型若有「日額選擇權」，當自費金額不高時，則可選擇轉日額擇優理賠。

▶ **日額型**

根據住院天數、手術表採定額理賠，適合轉嫁長期住院的情況。

重大疾病險

保障七項重疾，急性心肌梗塞、冠狀動脈繞道手術、腦中風後障礙、末期腎病變、癌症、癱瘓、重大器官移植或造血幹細胞移植。

可參照國人十大死因，如惡性腫瘤、心臟疾病，但需留意各疾病的理賠定義與除外不保事項為何。

memo 十大死因 ➡ 211頁

重大傷病險

根據健保的重大傷病證明理賠，保障範圍大且定義明確，但需注意不符合「長期治療需要」，拿不到證明而無法獲賠的情形。

一次給付型癌症險 / 傳統型癌症險

傳統型癌症險的理賠項目雖然多，但住院醫療費可透過住院醫療險轉嫁，其他如化療、放療保險金等，多為定額給付，額度低且有次數限制，避免日後醫療進步而不需住院、手術等，應著重於「罹患癌症保險金」，確診後即可理賠。一次給付型的癌症險，便是以此為概念給付「初次罹患癌症保險金」。

失能險

保障項目為「失能保險金」，不論是因意外或疾病所致的失能，皆可依失能等級表一到十一級的比例來理賠。

長照險 / 失能扶助險

皆是用來保障需長期照護的狀況，但理賠條件各有不同。

以長照險來說，需以量表判斷生活是否無法自理，是否有「生理」或是「認知」的功能障礙。如脊髓性肌肉萎縮症，會使得肌肉逐漸癱軟無力，便可能無法自行沐浴、進食、如廁等而獲賠。

失能扶助險則是依據失能等級表，如一到六級失能即可獲賠。以阿茲海默症患者為例，若為「中樞神經障害」所致，並符合失語、失認、失行等狀況，即可申請理賠。

選擇保障項目亦有優先順序，愈不受條件限制，保障範圍愈大！如一般意外身故，就比因天災身故的範圍來得大。選擇保險時，可先從主要的保障項目來衡量。

狀況	風險	對應險種	保障項目	給付類型
身故	既有負債 家人生活費 喪葬費	壽險	身故金、完全失能金	一次性或 持續性
意外	意外死殘	意外險、失能險	身故金、失能金	一次性
意外	意外醫療	意外醫療險	傷害醫療金	持續性
意外	住院醫療	住院醫療險	住院醫療金	持續性
意外	復健／照護	失能扶助險、 工作失能險、長照險	失能扶助金、 工作失能金、長照金	持續性
疾病	重大疾病	重疾險、重大傷病險、 失能險	重疾金、重大傷病金、 失能金	一次性
疾病	住院醫療	住院醫療險	住院醫療金	持續性
疾病	復健／照護	失能扶助險、 工作失能險、長照險	失能扶助金、 工作失能金、長照金	持續性
癌症	罹癌治療	重疾險、重大傷病險、 一次給付型癌症險、 失能險	重疾金、重大傷病金、 罹癌金、 失能金	一次性
癌症	住院醫療	住院醫療險 傳統型癌症險	住院醫療金 癌症治療給付	持續性
癌症	標靶藥	重疾險、重大傷病險、 一次給付型癌症險	重疾金、重大傷病金、 罹癌金	一次性
癌症	標靶藥	實支型住院醫療險	住院醫療金	持續性
癌症	復健／照護	失能扶助險、 工作失能險、長照險	失能扶助金、 工作失能金、長照金	持續性
退休	壽命長	年金險	年金	持續性

定期險

介紹定期險的特性，說明定期險會遇到的問題，預先做好準備。

保證續保

定期險會有次年續約的問題，因此要注意是否有「保證續保」。保單的「契約有效期間及續保」會載明契約保險期間以及續保事項。

保證續保

常見條款為，保險期間屆滿時，要保人得交付續保保險費，以逐年使本約繼續有效，本公司「不得拒絕」續保。

只要按時繳交保費，保險公司不能因為體況等問題而拒絕續保。不過即便是保證續保，仍需注意定期險的續保年齡上限唷。

看動畫懂保險

保證續保是什麼？為什麼健康險的保證續保很重要？

自動續保／不保證續保

條款通常為，於每期保險期間屆滿時，「經本公司同意」並收取續約保險費後，本附約得逐年持續有效。

由於需經保險公司同意才能續保，所以保戶有可能因體況等問題被保險公司拒保。

體況不佳難買保險，特別是健康險，有保證續保特別重要！有保證續保才不會因體況變差，或理賠次數過多等原因，被拒絕續保。

168

自然與平準費率

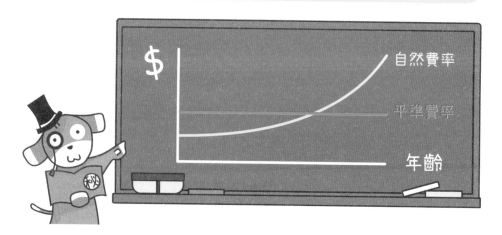

自然費率

保費會逐年增高。隨著年齡愈大風險評估愈高，保費亦隨之增高，如一年期定期壽險。

看動畫懂保險

為什麼有些保費每年相同，有些卻不同？

平準費率

每年保費一樣。雖然每年風險不同，但將老年的保費分擔到每一年，所以每年繳交的保費都一樣，如繳費二十年期終身壽險。

長期平準可調整費率

指保險公司能依實際理賠經驗，向主管機關申請經同意後，在一定程度內調整保費。常見於長年期的健康險，會在保單的開頭及條款中載明。

無論是自然或平準費率，重點都在於「保額」是否足夠，以及「保費」是否負擔得起，購買之前務必考慮清楚。

🚦 從新從優

「從新從優」是指當新舊條款相衝突時，新條款優先適用，但若舊條款對當事人有利，則可例外適用舊條款。一年以下的定期險是可能隨著示範條款而變更，而長年期險種基於長期契約對價平衡，比較不會改變。

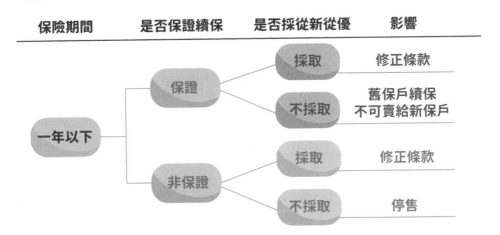

保險期間	是否保證續保	是否採從新從優	影響
一年以下	保證	採取	修正條款
		不採取	舊保戶續保 不可賣給新保戶
	非保證	採取	修正條款
		不採取	停售

以法定傳染病為例，過去有些醫療險將此列為除外不賠，而 1998 年所制訂的示範條款，將法定傳染病自除外責任刪除，所以後來發生法定傳染疾病 SARS，一年期醫療險適用從新從優原則有理賠；一年期以上的醫療險，不需依照從新從優原則而不賠。部分保險公司因社會輿論而理賠，但也有保險公司堅持「對價關係」不理賠。

> **示範條款**
>
> 金管會為了使條款趨於標準化，因此發布示範條款，供保險公司遵循之用。

保險期間超過一年者

基於長期契約的對價平衡，一年期以上的保單通常可不從新從優，因保費的計算基礎，是依據當時理賠的範圍精算而來，所以應照原訂契約條款辦理。

保險期間一年以下者

依函釋辦理

就以往金管會的函釋來說，有下列狀況：

❶ 不溯既往

仍依契約簽訂當時之保單條款約定辦理。如：2015 年長期照顧保險單示範條款。

❷ 從新

示範條款修正實施後，有效契約應即適用新條款辦理。如：2006 年傷害險更新失能等級表，從 6 級 28 項變更為 11 級 75 項。

❸ 從新從優

即除所簽訂之契約條文對保戶較有利者外，應適用修正後示範條款辦理。如：2006 年實支醫療險示範條款。

保險公司選擇是否採用從新從優

❶ 選擇從新從優

應於公司網站、繳費通知，或是契約概況等地方公告，並列出適用從新從優原則之商品、商品條款、對照表。

❷ 選擇不從新從優

保險公司不能再將舊保單銷售給新保戶，只能就原本已購買的舊保戶以保證續保的方式續保，對新保戶來說，保險公司只能販售新保單。

一年期以下的定期險，「有可能」隨著示範條款而變更，較有彈性。建議在挑選一些條款變數較大的險種（如醫療險），可將從新從優的因素考慮進去。

定期險的問題

定期險初期保費會較便宜，保戶的財務運用較有彈性。預算有限的人，適合以此為優先考量，不過定期險也是有風險的唷。

自然費率後期保費高

定期險多採自然費率計費，除意外險外，年齡越大保費越高。以某定期 100 萬重疾險為例，35 歲保費約 3,000 元，65 歲就得繳 3.2 萬元。65 歲時，一般人已屆退休年齡並無收入，但需繳交高額保費，此時是要續繳保費？降低保額？還是解約自承風險呢？

所以投保定期險，必須思考保費隨年紀變高的問題，決定續繳高保費，或是採儲蓄等不同方式來解決。

超過續保年限無法承保

定期險有續保年齡的上限（如 75 歲），過了續保年限就無法用定期險轉嫁風險。

平均餘命拉長

平均餘命會逐年拉長，壽命越長，要承擔的風險缺口就越大。平均餘命為 76 歲與 80 歲的處理方式，可能就不同。若超過續保年限後無保險可承擔風險，就需要累積更多資產。

投保定期險，除了要注意保單是否為保證續保，亦要思考如何面對後期高保費，採取何種方式來轉嫁風險，如儲蓄、理財等等。

終身險

透過不同的觀點，點出各險種的問題，破除
一般人對終身險的迷思。

壽險額度需求曲線

保額／保障僵化

保險需視階段調整，以壽險為例，30 歲負責家中經濟，和 60 歲退休時的壽險保額就不同。

此外，壽險是根據生命表來決定保費，隨著壽命延長，新的壽險商品可能降價，若沒體況問題，就可以考慮改買新商品，而不會因買了「預繳保費」的終身險而捶心肝了。

保障範圍受限

以終身日額型醫療險為例，保障範圍不包含「雜費」，無法因應健保自費增加的變化，而醫療技術持續進步，未來治療不一定要「手術」或是「住院」，這些都會影響「終身」的保障。

高保費低保障

　　若為了享有終身保障的「福利」，購買高保費低保額的保險，保額不足仍無法轉嫁風險，甚至因預算而排擠到其他保險，導致其他保障不足，反而使自己曝露在其他風險當中。

預繳的終身險划算嗎？

年輕時，終身險超出定期險保費的「預繳」費用，等同於把錢借給保險公司，關鍵在於「預繳的錢到最後會變成多少？」此時就要將實質購買力納入計算，以利評估。

終身日額醫療、終身壽險、終身還本意外……等終身險，並「無法有效」提供 75 歲之後的保障，反而可能因「高保費低保障」，而無法抵擋風險來臨時的衝擊。因此建議「75 歲之前透過定期險拉高保額，之後靠先前的理財規劃來自行承擔」。

👆 終身醫療缺點

若市場推出一張須繳 20 年，每年繳 1 萬即可終身享有「每月 1000 元電話額度」的電話卡，你會買嗎？

現在人手一隻手機，公用電話變得愈來愈少，多數人不會因為「電話怎樣都要打，越早買越划算」而買這電話卡。但仔細想想，這電話卡與終身醫療險是不是有很多相似之處呢？

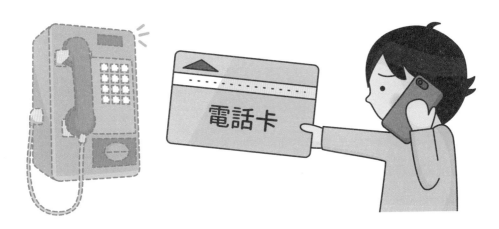

手術住院保障限縮

終身醫療保障的範圍是住院和手術，隨著健保 DRGs 實施以及醫療技術進步，住院天數下降和新式治療的推出（如手機），和公共電話一樣，保障範圍逐漸限縮。

無法有效轉嫁醫療費用

現代人不一定要用電話溝通，可透過 Line、WhatsApp 等通訊軟體。醫療險也是一樣，在治療方式多元、自費項目增多的情形下，唯有包含住院「雜費」的實支型，才能有效轉嫁醫療費用。以國人常見的心臟支架為例，塗藥支架費不在終身醫療理賠範圍內，但實支可賠。

保費不一定便宜

二十年前的陽春麵為 10 元，現在則為 60 元。如果考慮通膨，終身醫療險在一開始就繳高保費，在 0 歲投保的總繳保費，可能在 50 歲之後才會少於定期險總繳保費。此外，過重的保費會擠壓到其他費用而造成風險缺口。

無法對老年醫療有實質幫助

終身醫療險主要保障住院時的「病房」與「手術」，不包含花費最多的「雜費」（如：心臟支架、標靶藥），考慮到 75 歲後的手術機率不高，所以重點在「長期住院」。

根據衛福部的 2021 年統計資料，75 歲以上的平均住院日數在 11~14 天之間，住院時間並不長。當然不可否認仍有「長期住院」的病患存在，但屆時重點反而是在「看護」而非住院了。

相較於住院，老年人生病後反而更需要照護，所以像老年醫療，應先著重老年體況不佳，需長期照護的情形，這個問題克服了，再往下解決問題。

◉ 長期照護 > 住院雜費 > 病房、手術

話說回來，若你可以負擔每月數萬塊的「長期照護」費，以及高達數十萬的住院雜費，那麼住院一天賠 2,000 元的保障，又算什麼？真的要為了老年長期住院，而購買終身醫療險嗎？

看動畫懂保險

有保障總比沒保障好？終身醫療到底有多少保障？

已經買了終身醫療該怎麼辦？

　　許多人後悔買了終身醫療，常聽到「都繳十年保費了，該解約嗎？」這類問題。以下重點說明並給予保單調整的建議方向。

無解約金

　　終身醫療通常會將脫退率納入計算，除了保費會較便宜外，但也不會有解約金，這也代表「已繳的保費不可能回來了」，所以重點應放在「還要繳多少錢」又得到多少保障。 memo 脫退率 ➡ 245 頁

衡量保費與保障

　　首先估算住院保障，若現在 35 歲，通膨每年 1.5% 成長，估算 40 年後日額 1000 元的保障，實質保障約剩下現今的 600 元 / 日。假設 75 歲之後總住院天數為 300 天，約有 18 萬的保障。

　◉ 上例為估算值，可依自身經驗做評估與假設

　　假設終身醫療繳費 20 年共繳 40 萬元，若已繳 36 萬，只需再繳 4 萬可得 18 萬的保障，可以續繳，但若只繳了 4 萬，還有 36 萬保費待繳，就值得思考是否該續繳了。

　　若發現保險不能有效轉嫁風險，手中握有現金也是種選項。除了考量到老年長期住院，是否還有購買終身醫療的理由呢？

 終身壽險缺點

很多人買終身壽險，認為總有一天用得到，屆時可以把保險金留給子孫，也不會有損失，但真是這樣嗎？讓我們從稅務、儲蓄、保障三個方向來看。

稅務

買保險可以節稅，如 2.4 萬元的「所得稅」扣除額，或保險金不列入遺產可省「遺產稅」，以及幫子女保險省「贈與稅」。所得稅扣除額很容易達到上限，所以重點在「遺產稅」和「贈與稅」，但其實這是有錢人才有的困擾，若資產沒有 3,000 萬也課不到稅，還需要透過保險節稅嗎？

另外，若發現有異常投保的情形，還是有可能被課稅的。

`memo` 轉讓保單、領生存金被課贈與稅 ➡ 262頁、違反保險本意被課遺產稅 ➡ 264頁

儲蓄

若把終身壽險當作儲蓄，身故保險金視為儲蓄險的滿期保險金，計算年化報酬率 IRR 會怎麼樣呢？以 35 歲投保 100 萬終身壽險，年繳 3.3 萬，共繳二十年為例，55 歲的 IRR 為 3.8%，65 歲和 75 歲分別為 2%、1.3% 左右。

很多人以為年繳 3.3 萬，繳二十年才 66 萬，可以拿回來 100 萬很划算，事實上把錢存到銀行去，可能也有相同的效果。

由於是長年期保單，不可忽略通膨所帶來的影響，所以就算到 70 歲拿回 100 萬，實質購買力也可能只剩 50 萬而已。

什麼？你說功能不只有儲蓄，還有保障啊！55 歲以前身故有 100 萬保障，那時的 IRR 就更高啦！是的，不過有個更經濟實惠的方法，直接來看保障。

保障

壽險保額是依據貸款、生活費用決定。先不論生活費用，許多人的房貸至少 5、600 萬，但壽險保額有到 5、600 萬嗎？以保額 100 萬、一年保費 3.3 萬為例，若保額為 500 萬，一年保費就約 16.5 萬，相信這不是一般人能負擔的金額，但二十年期的 500 萬定期壽險，一年保費約 1.5 萬，是不是親民許多？

看動畫懂保險

回歸保障本質，我們真的需要「終身的」壽險嗎？

用終身壽險當主約錯了嗎？

主約終止有時會影響附約效力，所以附約延續條款以及主約險種的挑選非常重要，因為終身壽險影響較小而常為主約，只是保額不需過高。

保險的觀念是「將無法承受的風險，轉嫁給保險公司」。許多人擔心定期壽險到 75 歲無法承保，但屆時房貸繳清、兒女獨立，此時「身故」就不會是一個風險了，所以是為了什麼要買終身壽險呢？

還本意外缺點

「還本型意外險的保費有去有回，沒用到的還能日後領回！」真有那麼好康？！這當中沒有什麼問題嗎？

高保費低保障

還本型意外險多為長年、終身型且含有壽險成分，所以保費較高，常不分男女、年紀、職業類別，費率是統一的。相同的保障，還本型的保費可能是一般意外險的十幾倍，若受限於預算，購買低保額的還本意外險，保障反而不足。

還本型不一定划算

繳費期滿後會有「滿期金」，但真的划算嗎？可以試算看看，還本意外險和購買一般意外險並將保費差額存放銀行，在相同時間下，後者拿回的總額不一定比前者低。

還本意外險

提前解約會損失本金

許多人在購買時經濟狀況不錯，但日後若有資金需求，就可能要解約進而損失本金，所以資金的流動性最好要納入考量唷！

看動畫懂保險

終身保障又可拿回保費？
還本意外險真的這麼好？

還本意外險主打「領回滿期金後保障持續到終身」，但重點在於「當下」的保障是否足夠，若保額不足又發生意外事故，那就本末倒置、因小失大了！

動動手！

可在此記下你的心得或重點唷！

小結

說明定期與終身險皆會面臨的問題，

並提供評估的方向。

高保費低保障的商品特性

許多人保費高達十多萬，但大多是低保障的儲蓄險，不大算是保險而是儲蓄，然而不能買的「高保費低保障」保險有什麼特性呢？

還本

還本型保費可分為兩部分，一是提供保障的保費，二是借給保險公司的錢。保額通常較低，但因為包含借給公司的錢，所以保費高。

終身

終身型的保費可分為「當前保障」和「保費預繳」二塊，由於將後期保費分攤在前期繳交，所以保費較高。終身險難以因應環境變化而做調整，未來遇到的狀況，就可能不在保障範圍內。

槓桿比過低

依年齡計費的保險，年紀愈大保費愈高，需要思考保費和保障之間的「槓桿比」。以 300 萬的重疾險來說，35 歲保費若為 7,000 元尚可負擔，但 80 歲的保費近 30 萬元，槓桿比就偏低。年紀愈大罹患

重疾的可能性愈高，但若保費太高，只要繳幾年保費就達保額，這也代表「自己可承擔罹病的費用」。

許多人著重在老年保障而忽略當前保障，常因「高保費」而妥協買低保額的保險，這是不對的。此外，在購買保險時，除了估算近期保費之外，亦需注意後期保費是否會飆高，做好因應對策。

☰ 保險也有賞味期

日本食材常見到「賞味期限」和「保存期限」的標示，保存期限大家很熟悉，就是不能吃了，而賞味期限代表，在標註的日期之後還是可以吃，但沒這麼好吃，其實保險也是一樣。

保額和日常消費相關

壽險是身故留給家人的「生活費」，意外險、失能險則是針對因故失能後的「生活開銷」，所以保額是與日常生活息息相關的。

二十年前陽春麵一碗 20 元，但現在一碗 50 元。假若二十年前失能賠了 100 萬，或許可以撐五年，但是現在失能賠 100 萬，也許兩年就花光了。

通膨減弱保險效力

根據政府的消費者物價指數（CPI）年增率，1993 年到 2022 年這三十年間，有二十五年物價是上漲的，三十年上漲幅度平均為 1.36%，代表今年用 100 元買東西，隔年買同樣的東西，就要花 101.36 元。

若以每年物價上漲 2% 估算，過了三十五年物價就漲了 100%，過了七十年物價上漲 300%，也就是說，原先 100 元的東西，三十五年後要用 200 元才買得到，七十年後要用 400 元才買得到。

所以若用現在的物價水準決定保額，在一定年期後，保障的效力會愈來愈低。

分階段調整保單

上述提到的是「保額」，所以不論是終身或是定期險，都有相同的問題，那該怎麼辦？

同樣以年增率 2% 來估算，過了三十五年，保障效力只剩一半，七十年後為四分之一，若考慮到七十年後的足額保障，理應投保四倍保額，但這麼高的保額與保費，會造成負擔過重，因此建議將「賞味期」視為二十年。以嬰兒出生投保為例，先考慮到 20 歲左右，屆時可再調整。

購買保險時，可思考一下付出的保費，是著重在前二十年的保障，還是二十年後呢？

🚏早買終身險保費便宜又有保障？

請問下面那一個總繳保費較高呢？

▶ 繳法 A：0 ~ 19 歲每年繳 10,000 元，共繳 20 年

▶ 繳法 B：0 ~ 37 歲每年繳 2,000 元，38 ~ 47 歲年繳 2,500 元，48 ~ 57
歲年繳 5,000 元，58 ~ 67 歲年繳 8,500 元，68 ~ 75 歲年繳
12,000 元，共繳 76 年。

若將每年保費加總起來，總繳保費為⋯⋯

▶ 繳法 A：20 萬

▶ 繳法 B：33.2 萬

繳法 B 明顯高很多。但是物價會改變，二十年前的陽春麵只要 20 元，現在卻要 50 元，這就是「通膨」。二十年前 100 塊可以買五碗，現在只能買二碗，不同時間的購買力是不同的。把通膨考慮進來，結果又是如何呢？每年的購買力不同，因此以 0 歲那年為基準，假設每年物價以 1.5% 的速度上漲，總繳保費的購買力分別為何？

▸ 繳法 A：17.4 萬

▸ 繳法 B：16.1 萬

反而是繳法 A 花費成本較高。愈是長年期的保險，受到通膨的影響愈大，更需要在「相同的基準下」做估算。

在購買保險之前可先估算，需要用多少成本轉嫁風險，不幸遇到災難時又可獲得現今多少的保障。

保費

以物價年增率 1.5% 為例，75 年後繳的 12,000 元，相當於現在的 3,929 元。

看動畫懂保險

為什麼油電雙漲不只影響你的日常生活，還吃掉你的保障？

保障

假設每年物價上漲 1.5%，以日額 1,000 元、二十年繳的終身醫療險為例，每年繳 1 萬元，總共花了「現在」約 17.42 萬，75 年後約有現在日額 327 元的保障。

所以當有人告訴你「定期險年紀愈大保費愈高不好」或是「小朋友愈早買終身險愈好，享有終身保障」時，記得先估算一下，了解你會花多少成本，又能得到多少保障。

保險公司倒閉的影響

國內其實早有倒閉的先例，且根據保險法，保戶的權益是可能受到影響的！雖說有「安定基金」來轉嫁倒閉的風險，但以 2012 年國華人壽標售案來說，賠了約 884 億元導致財源不足，所以安定基金不一定是公司倒閉的救命丹。

公司倒閉的影響

保險法第 149 條第三項提到，若保險公司營運狀況惡化，依情節輕重給予派人接管、勒令停業、命令解散等不同處分。

調漲保費或降低保額

保險公司因營運惡化被判接管時，依保險法第 149 條之二，可報經主管機關核准，針對原保險公司的舊保單，要求調漲保費或降低保額。

實際案例

公司	時點	處理狀況	保戶權益
國光人壽	1970年勒令停業	1972年裁定破產	萬名保戶至2007年才分得部分款項
國華產物	2005年11月18日勒令停業清理	2006年4月由台灣人壽得標成立新產險公司	安定基金部分墊付未墊付部分為保戶債權
華山產物	2009年1月17日勒令停業清理	無人承接	安定基金部分墊付未墊付部分為保戶債權
國華人壽	2015年4月30日勒令停業清理	全球人壽得標	目前未受影響
國寶人壽幸福人壽	2016年8月12日勒令停業清理	國泰人壽得標	目前未受影響
朝陽人壽	2019年1月26日勒令停業清理	南山人壽得標	目前未受影響

安定基金之動用

　　根據保險法的第 143 條之三，當保險公司無法自救時，主管機關能啟動安定基金做為賠償金的墊付機制，不過安定基金並非全額理賠。

什麼是安定基金

　　安定基金是基於保障被保險人的基本權益，由壽險業及產險業共同提撥資金，設置財團法人安定基金。

保額打折理賠

　　根據人身保險安定基金動用範圍及限額：

❶ 身故、失能、滿期、重大疾病（含確定罹患、提前給付等）保險金

以每一被保險人計，每一保險事故；或每一被保險人之所有滿期契約（含主附約），為得請求金額之 90%，最高以 300 萬元為限。

例如，保額 500 萬的壽險，倒閉後可領的身故保險金為 500 萬 × 90% ＝ 450 萬，但最高請領 300 萬為限。

❷ 年金（含壽險生存給付）

以每一被保險人計，所有契約為得請求金額之 90%，每年最高以新台幣 20 萬元為限。

例如，每年可領回 25 萬，倒閉後，其年金領回金額變為 25 萬 × 90% ＝ 22.5 萬，但每年以 20 萬為限。

❸ 醫療給付（包含各項主附約之醫療給付）

以每一被保險人計，每一保險事故之墊付，每年最高以 30 萬為限。

例如，當保險公司倒閉，罹癌初次罹癌金 20 萬元，住院 10 天保險金 3 萬元，以及之後門診放射線治療 20 次理賠 3 萬元，全部的罹癌相關保險金可領 26 萬元，沒有超過 30 萬上限，因此可全額理賠。

❹ 長期照顧給付

以每一被保險人計，每一保險事故為得請求金額，每年最高 24 萬元。

❺ 解約金給付

以每一被保險人計，為得請求金額之 20%，最高以 100 萬為限。

❻ 未滿期保險費

以每一被保險人計，為得請求金額之 40%。

⑦ 紅利給付

以每一被保險人計，為得請求金額之 90%，最高以 10 萬為限。

此外條款中亦有提到，當安定基金不足以墊付時，是可以決議並核准調降保單的墊付比例及限額！

如何衡量公司狀況

資本適足率（RBC）

資本適足率（RBC）表示公司的自有資本淨額能夠承受多大的風險，RBC 越高代表能承受的風險越大。

> **RBC 低於 50%**
>
> 為避免保險公司倒閉而由大眾買單，根據保險法 149 條，若未在期限內改善，主管機關可自期限屆滿之次日起 90 天內，為接管、勒令停業清理或命令解散之處分。

◉ 透過保險業公開資訊觀測站，於保險資訊公開查詢選擇某公司，在財務概況有「資本適足性之揭露表」，即可查詢到該公司近年來的 RBC。

其他財務數據

RBC 是保戶最容易查詢且衡量的指標，但並非是衡量公司財務健全的唯一指標，若需要更精確的分析，則可參考其他數據（如財務結構、償債能力、獲利能力等）以達較精確的分析。

> 購買保險，還是要注意其公司的營運狀況，尤其是十幾、二十年的長年期保單，更是要謹慎小心！

規劃準則

說明該如何買到好保險，並就險種、保額、時機三大層面，提出規劃的重點。

🚥 常見保險規劃問題

每個人都有買保險，但自己真的清楚有哪些保障嗎？是不是覺得保險有買就好，日後也懶得管了呢？若身體出了狀況而無法買保險，可是會後悔莫及的，來看看你是否有以下的症頭吧。

保障與期望不符 / 險種

許多人買保險，是看別人買什麼就跟著買，只記得簽名，根本不清楚有哪些保障。

參考好友保單而跟著買的小草，裝完心臟塗藥支架出院，卻發現投保的是日額型醫療險，依住院天數定額給付，屬於雜費醫材的心臟塗藥支架無法理賠。

保額不足無法抵擋風險 / 保額

能否安然渡過危機，「保額」絕對是關鍵因素。許多人喜歡買終身、還本這些帶有儲蓄成分的「高保費低保障」商品，保額往往不足，即便買對險種，風險來臨時仍無法抵擋。

身體不好難買保險 / 時機

許多人通常是發生事故、需要理賠時，才會再拿出保單審視，一旦身體有狀況，調整保險的難度會增加許多。以阿美為例，罹癌後才深知保險的重要性，但此時的她，已經被保險公司列為拒絕戶，無法購買保險了。

保險規劃著重於「險種」與「保額」，並在適當的「時機」購買。保險務必定期檢視，若發現不適合的保險，在身體健康時，儘早調整保單內容。

194

現代人生活忙碌，實在很難靜下心來了解保險，因此常買到不符需求的保單。在此傳授幾個心法，即便不懂保險，也能買到適合你的保單唷！

想解決什麼問題

首先要確認問題的重點是什麼，才能找對方法來解決。以許多人擔心的「老年生病」為例，是想解決「生病住院」，還是「生病在家休養」的問題，哪種花費較高，希望優先解決哪件事？

若擔心「尚未退休時身故，不希望讓家人背負債務」，可進一步把償還的時間與金額列出，突顯問題的嚴重性，並與其他的問題做衡量（絕不會只有身故要考慮，像失能、生病等等，都是要思考的問題），隨著債務逐漸減少，此問題的衝擊會愈來愈小，而這也代表每個階段遇到的問題與解決方法是不同的。

◎ 問題愈明確，愈能聚焦在解決的方法上。

用什麼方法解決

若你 30 歲剛結婚，沒有積蓄且有 600 萬債務，有什麼方法是身故時，債務會一筆勾銷？賣房子？期待別人救濟？還是透過保險呢？多數人不希望影響家人生活，所以會選擇「保險」。每個人狀況不同，若有其他辦法償還債務，也可以不透過保險解決。

與「身故」相關的險種有「壽險」與「意外險」，但意外身故需符合「意外」的要件，若是因疾病而身故，意外險不賠，但壽險可以，所以就身故而言，壽險較適合用來解決此一問題。

◉ 選對適合自己的方法、險種，來解決問題。

需要多少費用

若要透過保險解決問題，而當下債務有 600 萬，視每人經濟狀況並考量日常生活費用，粗估至少要 700 萬壽險保額。

然而到底要用終身還是定期險？ 30 歲男、700 萬保額、20 年繳的平準型定期壽險，保費約 1.5 萬，而二十年繳終身壽險，保費要 20 萬左右，對一般人來說，一年 20 萬保費太高，所以選擇定期險。

◉ 經由保費來衡量方法的可行性。

若保費實在太高，換得的保障太低，保險或許就不是一個好辦法，而需要其他方法，或是自己承受風險。

上述步驟中最重要的是「問題的確認」，問題不同，解決的方法也不同。選好方法後，最好要再確認是否能解決當初的問題。同樣地，你也可以根據這三個步驟來請教業務，逐步篩選出適合自己的保險。

明天和意外哪個先到？

相信所有保險業務都同意「明天和意外不知哪個會先到」，而這話也點出了「保險」的真諦。既然意外隨時會發生，平時就應當做好準備，避免衝擊來臨時無法承受，就保險來說，就是「險種」和「保額」。

資源是有限的，所以會面臨「只有 3 萬元預算，但有失能、身故、癌症、老年……等問題需要考量」，此時該怎麼辦？

◉ **掌握大原則：保大不保小、先考慮近期再想老年**

這才符合「保險」的觀念，不知意外何時來臨，所以將無法承受的風險轉給保險公司。

有人會說「沒買終身，老了該怎麼辦？」在此說明幾件事……

▶ **若終身險很便宜，可輕易達到所需保額，絕對建議大家買終身險。**

▶ **一直強調老年的問題，而忽略目前的保額不足，這叫「儲蓄」。**

儲蓄的概念是「會安然渡過所有風險，平時儲存一些，好解決老年時的問題」，這與保險的概念不一定有衝突，但還是要強調「保額」的重要。終身險有保費預繳的概念，相同的保障，定期險一年保費約 3 萬，而終身險約 40 萬，試問有多少人繳得起呢？

定期險雖然有保費隨年紀逐年增高的問題，但與終身險的高保費低保障相較，保額更容易達到需求，才能讓我們渡過危機。

🪧 險種：金字塔式規劃保險

第一層是應優先購買的基本險種；地基穩固後，再依自身需求購買第二層險種，加以補強；第三層則是保障齊全後，再考慮是否購買的險種，如同金字塔般，一層一層來規劃保險。

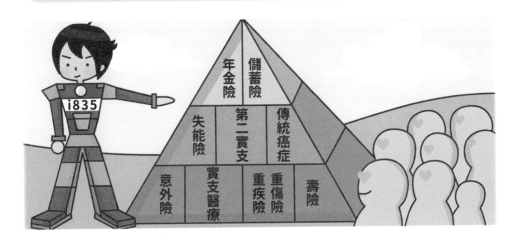

可自由運用的基本險種

第一層的基本險種，除了實支型醫療險外，皆為一次性給付，符合理賠條件後，便給予理賠金供自由運用，除了支付醫療費用外，還可彌補看護、療養費，以及無形的薪資損失等。實支型醫療險，在保障限額內能給予一定程度的保障，雖說仍須以「住院」為前提，但就醫療險而言，保障範圍大，使用的自由度仍是較高的。

意外險

意外險與失能險主要保障「失能」，而意外險還多了「意外身故」的保障。意外險保費是根據「職業等級」計算，並不會隨年紀而增加，對於職業危險等級較低的人，能以低保費換取高保障，所以意外險列為首要考量之一。

實支型醫療險

保障住院期間，健保未給付的醫療費。例如罹癌住院期間，未列入健保給付的標靶藥物，在實支型醫療險的雜費額度內，是可獲賠的。

重大傷病險／重疾險／一次給付型癌症險

癌症多年來皆高居十大死因第一名，治療癌症的醫療費、看護費，常高達數百萬，為了轉嫁風險，可選擇一次給付型癌症險、保障包含癌症的重疾險或重大傷病險。

壽險

身故理賠金可提供遺屬後續生活費、償還負債等，需根據每個人的家庭責任來評估保額。

持續給付的補強險種

若擔心第一層保障不足，可透過第二層險種補強，做到持續性給付與保障範圍的擴大。

第二張實支型醫療險

規劃第二張實支型醫療險，除可彌補第一張實支醫療保額的不足，亦可轉嫁其他費用，如看護費用、薪資損失等等。

失能險／失能扶助險／長照險

提供因故需要照護時的保障，其中失能險為一次性給付，而失能扶助險以及長照險為持續性給付。購買前需注意理賠認定為何，如失能險是依據失能等級表理賠，長照險則以巴氏量表、失智量表來衡量。

傳統型癌症險

除了初次罹癌理賠金外，可依治療項目理賠，如化療、放療、癌症住院等，但治療方式可能會隨醫學進步改變、住院天數減少而無法獲賠或是限縮保障範圍，所以仍建議以重疾險、一次給付型癌症險、重大傷病險，與實支型醫療險做為轉嫁癌症花費的優先考量。

追求更好生活品質的險種

當保障做足並行有餘力時，可視情況評估以退休生活為主的保險。

儲蓄險

身故時可領身故理賠金，滿期未身故可領滿期金，因此有人透過儲蓄險強迫儲蓄，希望能存下一筆錢，但要注意，購買儲蓄險會減少可用流動資金，若有急用而提前解約，是會折損本金的。

年金險

年金險主要是保障在生存時，能有穩定收入以支應日常開支。一過了繳費的累積期，便可依約開始領回年金。

看動畫懂保險

想成為保險界的鋼鐵人？
這樣規劃就對了！

保險是要轉嫁無力負擔的費用，減緩風險帶來的衝擊，所以要先以「目前」所需保障來選購，而保障「未來」的保險，則可待近期保障做足，再依個人情形，衡量是否需要購買喔。

以 30 歲男的規劃為例：

❶ 剛成家且有房貸

❷ 以近期保障為優先

❸ 希望年繳保費在 5 萬以下

保額評估

身故：依貸款及生活所需，如 500 萬

◉ 【必】定期壽險 <=> **【避】終身壽險**

避免因經濟支柱身故而陷入困境，主要依貸款和生活費做估算。預計留給家人三年緩衝期適應，家庭年支出 60 萬，加上目前 300 萬貸款，概估保額要 500 萬元。

終身壽險保費高保障低，所以利用定期壽險做規劃。

失能：500 到 1000 萬

◉ 【必】定期失能險、意外險 <=> **【避】還本意外險**

失能會依失能等級表做「比例」理賠，如手腕截肢屬六級失能，賠保額的 50%。若保額只有 100 萬，此狀況才賠 50 萬，無法支付治療、復健，以及找到下份工作前的生活費，因此建議保額至少 500 萬。

「意外險」、「失能險」皆可轉嫁失能的後續花費，雖然意外險只保

意外失能，但職業危險等級低的人，保費低且有保障意外身故，因此以意外險 700 萬，搭配失能險 300 萬。看護費可再用「失能扶助險」補強，每月保額預計 3 萬元左右。

還本意外險的保費過重、保障低，因此不建議購買，失能可透過失能險、失能扶助險和意外險來轉嫁風險。

住院醫療：至少 20 萬

◉ 【必】實支實付 <=> 【避】終身醫療險

隨著健保 DRGs 的實施，自費機率增高，終身日額型醫療險不包含佔比最大的醫療雜費（65%），所以不建議終身醫療。

實支型是理賠超出健保的醫療費用，建議購買具有「日額選擇權」的住院實支醫療險，甚至是雙實支，補強醫療保障或無法上班時的薪資損失。

重大疾病 / 癌症：300 萬

◉ 【必】重大傷病險、重疾險 <=> 【避】終身傳統型癌症險

癌症最大花費為標靶藥物，每月藥費可達 2、30 萬，建議選擇符合條款癌症定義即理賠的重大傷病險、重疾險、一次給付型癌症險，可自由運用保險金。

需注意新式的重疾險有分僅賠重症的重疾 (甲) 型，與輕重症皆賠的重疾 (乙) 型。

保費評估

確認險種及保額後，分別就定期及終身型規劃，瞭解保費差異與可行性。

定期險

　　以保證續保的定期險為主。30 歲的年繳保費在 5 萬以下，隨著年紀增長，60 歲的保費要到 20 萬元，不過這是保額未調整的情形下，以壽險為例，隨著房貸逐步償還、子女經濟獨立而減輕責任，可減少壽險額度。重大傷病險、重疾險在 5、60 歲時的保費會飆高，若決定風險自留，總保費就可降至 5 萬內。

終身險

　　以繳費二十年期的終身險為主，同樣的保額，30 歲時每年需繳近 65 萬的保費，一直持續到 50 歲，這對一般人來說，負擔過大。

　　保額足夠才能有效轉嫁風險。上述分別以定期和終身做規劃，保障雖有些微不同，但主要保障項目相近，在相同保額的狀況下，終身險每年所繳的保費約是定期險的十多倍。

　　「終身保障」、「返還保費」的誘因實在太大，許多人因而購買終身、還本險種，反而「保額」不足，無法抵擋風險來臨時的衝擊，而且要確保在二十年繳費期間能順利繳滿，否則繳不出來造成保單失效，會讓自己曝露在風險中。

　　上述說明依各家保險公司商品略有不同，僅供參考。

看動畫懂保險

保額足夠才有效!大多數人保險都買錯了!

要記得「保險是提供保障，降低風險來時的衝擊」，並不是儲蓄、還本，保額不夠是無法抵擋風險的唷！

保險並非有買就好，而是要清楚自己的保障有哪些，隨人生階段的不同需求或因應環境改變，做適時的調整。

出社會工作

當自己有經濟能力，除了檢視自己過去的保險之外，也為自己負責來規劃保險吧！

著重自身需求

剛出社會通常不會是家中的經濟支柱，因此規劃重點在於自身保障，不拖累家人為主，以健康險、意外險為首選。

建立基本保障

薪水尚未穩定，預算較吃緊，因此要注意保費不要過高，在可承擔的狀況下規劃基本的保額，待日後經濟穩定再提高保額，避免繳不出保費，保險因而失效。

結婚生子

結婚後需肩負整個家庭的責任，保障需求與單身時有所不同。

家庭成員增加

夫妻倆可一同檢視保單，整合需求，同時留意受益人是否要調整，如過去受益人為父母親，結婚後可變更為配偶。幫小孩投保前，首要確認經濟支柱的父母保障足夠，再來考慮小孩會較適合唷。

進一步規劃壽險

如家中日常支出、房貸、車貸的家庭責任，若不幸身故會變成家人的負擔，可透過壽險轉嫁。

補足保障缺口

先前礙於預算，只能規劃基本保障，結婚後可以舊保單為基礎，根據現有的需求及預算，加強保障缺口。

退休後

由於醫療技術進步，人們平均餘命拉長，退休後家庭責任減輕，此時的風險缺口已與之前不同。

家庭責任減少

小孩已經長大且貸款也還得差不多，不再是家庭的經濟支柱，收入不如以往，可減輕壽險額度，降低保費負擔。

退休風險轉嫁

沒有收入來源，所以退休後的開銷，如生活費、醫療費等都是風險缺口，可利用先前的儲蓄、投資、保險（如年金險）來解決。

除了意外險及採平準費率的保險，年紀越大保費越高，要留意高保費問題，依個人情形調整。

看動畫懂保險

保險需求不是一成不變，所以需要保單健檢！

除了上述人生重要時點之外，像是如 DRGs 健保制度的推行，新型保險商品的推出，這些外在環境的變化，也會影響保單規劃，所以建議每隔兩到三年定期檢視。

保險規劃著重在適當的「時機」，選對「險種」與「保額」，針對這三個方向提醒，若遵循這些重點來購買保險，相信一定能買到有足夠保障且適合你的保險唷！

先保障再投資

「若不幸罹癌，是保險還是投資可以發揮較大的作用？」

小君有一份儲蓄險及重疾險，罹癌才發現只有重疾險有保障，保費高出好幾倍的儲蓄險，卻派不上用場。

透過保險轉嫁風險

保險最大作用是轉嫁無法負擔的風險，遇到失能、生病等狀況，在斷了收入、需支出大筆花費的時候，能靠保險渡過難關。以保障為主的保險，才能以小錢轉嫁大風險，如小君的重疾險，年繳數千元，便能提供百萬元的保障！

投資難以抵擋風險

許多人買保險會嚮往「定期領回」、「生存金」，或兼顧投資的投資型保險，但老話一句，保險重要的是「保障」，重點在發生事故時是否足以抵擋？如小君每年繳數萬元的儲蓄險，幾乎沒什麼保障。

求近期保障再考慮老年

「年輕時保障不足，發生事故該怎辦？」

阿花及阿珠都有完全失能的家人，阿花慶幸保險替她分擔大部分的花費，但阿珠

眉頭一皺，怎麼家人的保險金少得可以？原來阿珠家人買的是終身型，看重老年後的保障，保額明顯不足。

以定期為主拉高保額

優先考慮以保費較低的定期險來拉高保障。若為了老年風險，付出高額成本購買終身險，反而擠壓現有保障，那就本末倒置了。

這並非代表年老後的風險不重要，而是應以近期的保障為優先，且風險不只有保險才能轉嫁，像購買定期險而省下來的保費，就可做其他理財規劃。若擔心無法好好理財而購買終身險來強迫儲蓄，也可能發生繳不出保費，保單反而失效的窘境。

環境變化快未來難預期

依據現今環境推出的保險，要注意二十年後是否還適用。以日新月異的醫療來說，手術改採新式治療，終身醫療險的保障會因此縮水。

購買有「保證續保」的定期險，除提供長年期保障外，若環境改變亦有機會做適度的調整，彈性較大。

經濟支柱優先

「小孩保了一堆險,但大人生病反而繳不出保費,怎麼辦?」

大明、阿嬌夫妻倆,為了給兒子小寶更好的未來,決定購買儲蓄險做為教育基金。為此,阿嬌將原先留給自己規劃保險的預算轉到儲蓄險,但沒料到阿嬌之後得了癌症,龐大的醫藥費使他們繳不出儲蓄險的保費,因而被迫中斷,拿回的錢還遠少於繳出去的保費,得不償失。

經濟無虞才有更好未來

風險來臨時,父母受到的衝擊會遠大於小孩。

小孩同樣會遇到各式風險,但大人發生事故,收入還會中斷。所以在幫小孩投保前,應先確認家中經濟支柱是否已做好保障。

小孩仍以保障優先

許多父母總想著替小孩儲蓄,但不論是小孩或大人,保險都應以保障為目的。先做好大人的保障,再來是小孩的保障,最後有閒錢才做儲蓄、投資等規劃。

看動畫懂保險
你難道不懂「把拔馬麻」要先保嗎?

三大重點:先保障再投資,先近期再老年,先大人再小孩。買保險務必確認上述重點,否則風險來臨時,發覺不合適就來不及了,切記切記!

♟ 40 歲可能是買保險最後機會？

「不是 60 幾歲還可以買保險嗎？」單純就保險商品來說，是這樣子沒錯，但要買符合你心目中的保險，最晚可能在 40 歲左右…

回答問題之前，我們先來看衛福部國健署所公佈的「國人三高盛行率」，2017-2020 年台灣民眾三高盛行率如下表：

2017-2020 台灣民眾三高盛行率		
疾病/年齡	40-64歲	65歲以上
高血壓	28.93%	63.52%
高血糖	12.14%	27.84%
高血脂	32.65%	37.90%

※高血壓：收縮壓>=140mmHg 或 舒張壓>=90mmHg 或服用降血壓藥物
※血糖過高/糖尿病：空腹血糖值>=126mg/dL(7.0mmol/L)或因血糖升高接受藥物治療
※高血脂：總膽固醇>=240mg/dL或三酸甘油酯>=200mg/dL或服用降血脂藥物

其實比例不算低，三高所代表的，就是罹患糖尿病、心血管疾病、腦中風等疾病的機率變高。

「為何說買保險最好在 40 歲前呢？」主要是根據保險法第 127 條「針對已在疾病，不負給付保險金額之責任」。

memo 病史先不告知，過二年後就會賠？ ➡ 283頁

這當中「已在疾病」的判定是爭議所在，簡單來說，與疾病相關的症狀，就可能被視為已在疾病而不賠，如投保前肝指數異常、肝硬化，而投保後罹患肝癌，就可能被視為已在疾病而不賠（為了方便了解，在此不討論未誠實告知、核保、解約等）。

已在疾病與保險公司有無批註無關，根據保險法 127 條，已在疾病就是不賠，有些人以為只要通過核保、買到保險就會賠，這觀念是錯誤的，所以才說「最好在沒有體況時買保險」。在有體況的狀況下，不是買不到保險，不然就是加費、批註 (擴大除外不賠範圍)，而最有可能罹患的疾病也不會理賠。保險是一種「對價平衡」，想想防疫險對價失衡的狀況，若賠出去的多，保險制度就會崩壞，上述也是相同的道理。

memo 保單健檢 ➡ 301頁

許多人認為 60 多歲身體變差，最需要保險。由於此時的槓桿比低、體況多，若在此時購買保險，能發揮的效益不是太好，最需要保險的時間，反而是在 25~55 歲這區間，此時大多數人成家立業，有家庭責任，但由於剛出社會或是家庭開銷大，需要用小錢買大保障，好避免因意外、疾病而影響家庭生活甚劇。

建議最晚在 40 歲做好自己的保險規劃，同時培養良好的生活習慣，減少慢性病的發生，面對接下來的人生戰場 (工作壓力、疾病等)，才能走得更穩健踏實。

　　衛福部公布 2021 年的死因統計，共有 184,172 人死亡，前十大死因依人數高低為：

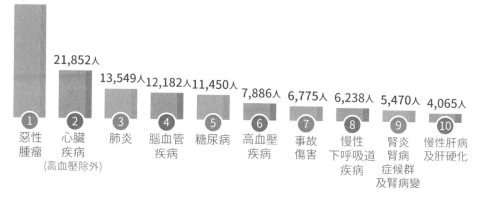

51,656人　①　惡性腫瘤
21,852人　②　心臟疾病（高血壓除外）
13,549人　③　肺炎
12,182人　④　腦血管疾病
11,450人　⑤　糖尿病
7,886人　⑥　高血壓疾病
6,775人　⑦　事故傷害
6,238人　⑧　慢性下呼吸道疾病
5,470人　⑨　腎炎腎病症候群及腎病變
4,065人　⑩　慢性肝病及肝硬化

　　死亡人數最高仍是惡性腫瘤（癌症），依據每十萬人口標準化死亡率前十大癌症是：

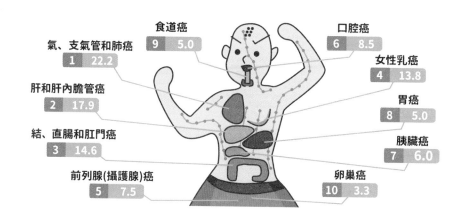

食道癌　9　5.0
口腔癌　6　8.5
氣、支氣管和肺癌　1　22.2
女性乳癌　4　13.8
肝和肝內膽管癌　2　17.9
胃癌　8　5.0
結、直腸和肛門癌　3　14.6
胰臟癌　7　6.0
前列腺(攝護腺)癌　5　7.5
卵巢癌　10　3.3

前十大死因可分為下列五大項：

① **惡性腫瘤**

② **心血管疾病：心臟疾病、腦血管疾病、高血壓性疾病**

③ **呼吸系統：肺炎、慢性下呼吸道疾病**

④ **其他疾病：糖尿病、慢性肝病及肝硬化、腎炎、腎病症候群及腎病變**

⑤ **事故傷害**

我們可從中了解各年齡層的三大死因，並進一步做好風險規劃。

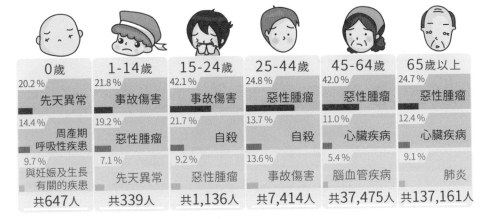

0歲	1-14歲	15-24歲	25-44歲	45-64歲	65歲以上
20.2%	21.8%	42.1%	24.8%	42.0%	24.7%
先天異常	事故傷害	事故傷害	惡性腫瘤	惡性腫瘤	惡性腫瘤
14.4%	19.2%	21.7%	13.7%	11.0%	12.4%
周產期呼吸性疾患	惡性腫瘤	自殺	自殺	心臟疾病	心臟疾病
9.7%	7.1%	9.2%	13.6%	5.4%	9.1%
與妊娠及生長有關的疾患	先天異常	惡性腫瘤	事故傷害	腦血管疾病	肺炎
共647人	共339人	共1,136人	共7,414人	共37,475人	共137,161人

惡性腫瘤（癌症）幾乎是每個年齡層都會遇到的，更是成年人的頭號殺手。青少、幼兒時期，要防範意外事故的發生。接下來會針對不同的年齡層，提出保險規劃的重點唷！

除了作息正常、多吃天然食材、培養運動習慣、遠離汙染環境、避免事故發生外，另一方面也需做好風險規劃，減低危險來臨時的衝擊。

人生階段

- 嬰幼兒
- 小資族
- 結婚族
- 老年人

不同的人生階段，著重的風險不同，因此要適時的檢視保險，確保有足夠的保障。

嬰幼兒

🚏 規劃重點

最主要的風險在於意外、燒燙傷，以及此時期好發的癌症或其他疾病，而小孩免疫力弱，亦需考慮住院治療的問題。

注意事項

投保時間點

　　通常在出生十五天或有身分證號之後就可投保。對於出生週數、體重低於一般值的嬰兒，有些公司可能會延後投保，例如體重少於 1,500 公克的早產兒，要求滿 2 歲才可投保，詳細依各家公司規定。

　　年紀越輕保費通常越便宜，但由於嬰幼兒的抵抗力弱、風險高，所以有些險種的保費，0 歲會比 1 歲貴，或是 5 歲前比 6 歲來得貴。若因此而延後投保，小孩之後生病而有已在疾病，日後就可能以除外、加費等方式承保，甚至拒保，所以建議身體健康時儘早投保。

先天性疾病

若擔心小孩有先天性疾病，可考慮婦嬰險，針對某些先天性疾病給予保障，通常規定要在懷孕一定週數內購買，且在生產後存活滿一定天數後才得以理賠，可詳見各家條款。 memo 婦嬰險 ➡ 109頁

15 歲前不給付身故保險金

為避免道德風險，在 2020 年針對保險法第 107 條再次修法，未滿15 足歲的被保險人若不幸身故，保險公司不給付身故保險金，而是給付喪葬費用，其金額不得超過遺產稅喪葬費扣除額的一半。（2023年喪葬費扣除額為 123 萬元，因此喪葬費用上限為 61.5 萬）。

◉ 適用於壽險以及意外險（含旅平險）。除了身故保險金要滿15 歲才生效，失能、傷害醫療等保險金仍可給付。

看動畫懂保險

嬰幼兒 ✕ 保險：
如何幫小 BABY 規劃保險？

險種規劃

意外險

2021 年死因統計顯示，1 到 14 歲的第一名為事故傷害（21.8%），顯示孩童發生意外比例高，且根據中華民國兒童燙傷基金會資料顯示，嬰幼兒是燒燙傷的高比例危險群，所以意外險與燒燙傷醫療是規劃重點。

重大傷病險 / 重疾險 / 一次給付型癌症險

2021 年死因統計第二名為惡性腫瘤（19.2%），嬰幼兒時期常見的神經母細胞性癌症、骨癌要特別注意，因此建議重大傷病險、重疾險或是一次性給付的癌症險。

實支型住院醫療

嬰幼兒的免疫系統較弱，大小病易上身，可購買實支型住院醫療險。

補強險種

失能險包含意外或疾病失能，若擔心意外或癌症導致失能，可透過此險種補強。

爸媽常希望能提供小孩終身的保障，因此會幫小孩選擇「終身醫療險」、「儲蓄險」，但寶寶的保險跟大人一樣，建議著重在「高保障」以及「近期保障」。

小資族

🪧 規劃重點

對於剛出社會，薪水、存款不多的小資族來說，著重在自身保障，以不拖累家人為優先考量。此時還不是經濟支柱的小資族，壽險額度可待日後加強。年繳保費希望控制在 3 萬左右，負擔才不至過重。

主要風險

失能

根據內政部的調查報告指出，117 萬個身障人士（含輕度）當中，18 ～ 30 歲的身障人數近 7.5 萬人（約占 6.37%）。每月居家照護或看護的費用，平均每人約 3 萬元。自身收入中斷之外，又加重家人負擔，這是最不樂見的情形。

癌症

癌症的醫療費，如大腸癌的標靶藥物，癌思停（Avastin），自費一年可能破百萬，還會有其他醫療費、看護費等等。

意外受傷

若工作需要長時間在外奔波，需留意騎車受傷的風險，像跌倒導致右手完全骨折，醫療費花上十多萬，也是屢見不鮮。

險種規劃

意外險

主要保障意外身故與失能。失能以失能等級表為理賠依據，因意外險保費低，但理賠額度高，建議列為首要選擇。

看動畫懂保險

小資族 × 保險：
資金有限怎麼買保險？

◉ <u>建議額度為 300~500 萬。</u>

失能險

同樣以失能等級為理賠依據，但不限意外，可保障到因疾病失能的狀況（如糖尿病截肢），保障範圍與意外險有重疊，建議兩者保額可適度調整。

◉ <u>建議額度為 300~500 萬。</u>

重大傷病險 / 重疾險 / 一次給付型癌症險

隨著醫療技術進步，慢慢有了口服藥物治療，且 DRGs 的實施，導致住院天數縮減，這些狀況對逐項理賠的傳統癌症險不利，因此，建議以

一次性給付的險種，如重大傷病險、重疾險、一次給付型癌症險為優先考量，不會受限於治療方式，運用彈性較高。額度可從新式療法、標靶藥衡量，或透過案例與報導了解。

⊙ **建議額度為 200 萬。**

實支型住院醫療

住院實支可轉嫁住院的醫療費用，因此可支付因癌症住院的標靶藥物。

因意外受傷而住院，住院實支亦可理賠，因此意外實支的考量重點為「因意外但無住院的醫療費用」。

建議拉高住院實支額度，再輔以意外實支醫療險。

⊙ **建議住院實支險額度至少 10 萬，意外實支險額度 5 萬。**

善用公司團保

額度也許不高，但保費低，可轉嫁部分保額。惟需注意離職後是否有保障缺口。

以上建議多以定期險為主，保費較便宜，而投保內容，可依據自身的經濟狀況和家庭責任調整，例如，本身為獨子，另有養家責任時，則應加計壽險，並調整意外險、失能險、重大傷病險等的額度。

結婚族

結婚後除了照顧好自己外，亦須負起維護家庭的責任。此時經濟亦有一定基礎，因此可將保額拉高並加買壽險，給予家人一定的保障。

若未檢視保單

理賠金給錯人

單身時買的保險受益人通常是親人，若婚後忘記更改，可能無法保障到妻小。如婚前的受益人是弟弟，而婚後未改受益人而不幸身故，理賠金由弟弟領走，妻小沒得到應有保障而流離失所。

債留親人

婚後家庭責任變重，若僅維持單身時的基本保障，未進一步規劃壽險而不幸身故，整個家庭的經濟重擔與債務，就會由另一半承擔。

保障不足家人受難

　　需留意先前規劃的保額，是否足以保障整個家庭，保障不足可能使得家庭陷入困境，除了需照顧另一半及小孩外，還得出外工作來補貼家用。

購買壽險及拉高保額

依家庭責任規劃壽險

　　壽險額度會隨家庭責任不同而增減。結婚後要負擔家庭開銷，如房貸、教養費等，此時壽險需求為人生高峰，不過隨著貸款逐年繳清、小孩長大成人等，壽險需求會逐步減少。因此，建議可採階梯式規劃，額度可隨家庭責任減輕而降低。

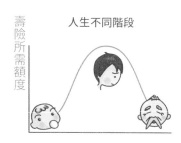

人生不同階段

壽險所需額度

體況好時購足額度

　　根據衛福部的調查，2021 年的壯年（25 ～ 44 歲）死亡原因前三名，分別為惡性腫瘤、自殺、事故傷害。結婚生子時通常也是工作的高峰期，現代人壓力大，文明病也多，身體可能因此變差，因此，身體未有狀況時，應趁早規劃保險。

　　保險規劃可參照「小資族」，再依所需調高額度。結婚後要考量家庭收入中斷的風險，且避免日後因體況而無法承保，可將保額拉高。

memo 保額：以定期為主拉高保額 ➡ 201頁

> **高危險職業該怎麼規劃？**
> 意外險可能被拒保或是保費過高，可考量用壽險、失能險給予身故、失能方面的保障。

善用家庭式保單與公司團保

家庭式保單

「家庭式」保單是利用被保險人的主契約，將其配偶及一定歲數以下的子女（常見的是 23 歲以下），附掛在保單之下，以節省主約費用。

要注意附掛於主約的保險，是否會隨主約終止而失效，如領取身故保險金後，主約因而終止，可留意是否具有「附約延續」的條款。

`memo` 附約延續批註條款 ➡ 254頁

公司團保

團險保費較便宜，且有些團險允許員工配偶、子女加保，可進一步補強保障，而離職或退休後，若團險載有「團險更約權」條款，還可轉成個人保單。`memo` 團險更約權 ➡ 259 頁

針對家庭責任估算的壽險，當日後責任減少時，記得逐步降低保額，以減輕保費負擔。若與配偶相互加掛保險，以節省主約的保費，則要注意主附約條款，避免失效而出現保障缺口。

老年人

規劃重點

老年人身體狀況較差，所以保費較高。可根據自身經濟狀況，在保費與保障之間做調整。用小錢得到大保障為規劃重點。

意外險

　　老人發生意外的頻率高，而意外險的保費計算，常是以「職業」為基礎，此時不是退休，就是低危險性的工作，因此相對適合老人投保。

實支型住院醫療

　　根據醫療收據，在限額內採實報實銷方式，支付「住院」的醫療費用。由於醫院自費項目增多、保障範圍大，且年紀大時的保費不至過高，是必備的險種。

失能險 / 失能扶助險 / 長照險

隨著年紀增大，或是身體狀況變差，都需要專人照護，此時長照相關險（如：失能險、失能扶助險、長照險）便能派上用場。需注意並非請看護就能理賠，購買前要注意理賠條件！

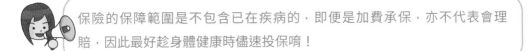

> ### 沒有重大傷病險 / 重疾險？
>
> 重大傷病險及重疾險在老年時的保費，會迅速飆高，因此，可根據自身經濟狀況，決定透過保險，還是儲蓄等其他方式來轉嫁風險。

保險的保障範圍是不包含已在疾病的，即便是加費承保，亦不代表會理賠，因此最好趁身體健康時儘速投保唷！

實戰演練

- 購買前

- 簽約時

- 投保後

- 理賠時

購買前

買保險是一門學問，該如何買對保險？該如何看懂保險？別擔心，我們一步步告訴你！

罐頭保單

阿花最近生了小寶，忙得不可開交，從事保險的業務親友，紛紛向她提出保險規劃的建議書，然而阿花老公卻想先去了解網路上的罐頭保單再做決定⋯

失能加強

★

重症防護

☀

基本超值

⚙

什麼是罐頭保單

簡言之就是購買保險的懶人包。一開始是由熟悉保險的專家提出，以「低保費高保障」為原則，組合各家保險公司的優勢商品，針對先前沒有買過保險的人，如剛出生的小朋友，所搭配的商品清單。

罐頭保單的好處

未買過保險的人有了參考方向

一般人對於保險觀念和商品並不熟悉，有了罐頭保單自然方便很多，了解保費與保障之後，就有一定的規劃方向，相當省時省力。

罐頭保單

已買保險的人能了解保費與保障差異

　　對於已買保險的人，由於先前保障並不相同，因此罐頭保單並不適用，然而，也可以先了解罐頭保單的保障與保費趨勢後，與自身保障比較，進而得知自己的保費是否過高、保障以及缺口為何，是否有調整或加強的必要。

學習規劃技巧與商品資訊

　　保險一買就是數十年，全家的總繳保費其實很可觀，若買錯商品，等到事故發生才後悔，真的會欲哭無淚，所以在投保前，多看一些罐頭保單的保障內容，清楚每個商品特色，為何會這樣搭配（如：這兩個實支實付商品有何差異？在不同情形下的優缺點為何？），了解愈清楚，就愈能選擇適合自己的保險組合。

罐頭保單雖然方便，但建議還是需要花時間了解規劃內容，而非照單全收，市面上有各式各樣的罐頭保單，有些甚至偏離「低保費高保障」的原則，最好還是充份了解之後再下決定。

⛨ 該向誰買保險？

一般人很少主動向保險公司投保，大多是透過保險業務員，但你知道還有保
險經紀人和保險代理人嗎？透過不同的人簽約，對保戶的權益會有差別嗎？

保險代理人　　　　保險經紀人　　　　保險業務員

保代、保經、業務員怎麼分

保險代理人

簡稱保代。保代是經保險公司委任，向保險公司收取代理手續費，在
代理契約授權範圍內辦理保險相關業務的人。

保代權限是依簽訂的範圍（如：簽單、核保、理賠、收保費等）而定，若
保險公司有授權核保、承保的權限，保代同意要保並收受保費，即代表
保險契約生效。

保險經紀人

簡稱保經。保經是基於被保險人的利益，幫保戶尋找合適的保單，協
助保戶向保險公司投保，或提供相關服務，收取佣金或報酬的人。

保險業務員

　　保險業務員是替保險業、保險經紀人公司、保險代理人公司或是可兼營保經、保代業務之銀行，從事保險招攬的人。不論是在保險經紀人公司、保險代理人公司、或是上述銀行服務的業務員，皆屬「保險業務員」，和前述的保經、保代是不一樣的。

> **保險業務員的招攬行為**
>
> 視為所屬公司授權，若因招攬行為導致損害，公司需依法負連帶責任喔。

好業務該具備的特質

保險商品與風險的瞭解

　　業務必須對保戶的經濟狀況以及保險做全面的審視，再建議適當商品，說明可以轉嫁什麼風險，怎樣才符合理賠條件，保戶才能瞭解「為什麼」要購買這項商品。

看動畫懂保險
對保戶來說，什麼才算是好的保險業務員呢？

對保險相關法律有基本認知

　　如最基本的「保險法」，第64條書面詢問應據實說明、第127條已在疾病不賠等等，更進一步的「民法」，與填寫受益人有關的法定繼承人，以及「遺產與贈與稅法」等，都是保戶未來可能會面臨的問題。若能根據法源向保戶說明，如已在疾病不賠以及未誠實告知可能會解約的後果，都能降低理賠糾紛的發生。

memo 據實告知與已在疾病 ➡ 283 頁

理賠諮詢與協助

　　保險醫學與一般醫學不太一樣，同樣的手術，保險公司與醫院的認知若有差異，就可能影響到理賠結果。業務員應就條款說明，或代為請教公司理賠人員，給予保戶適切並正當的協助及建議。

`memo` 理賠金少了是誰的問題 ➡ 312頁

◉ **金管會規定「不得要求醫師開立內容不實的診斷證明」，業務員應就事實給予保戶建議，以免觸法。**

小編在此期許業務員能具備以上能力，給予保戶最大的幫助！畢竟保戶購買保險時，不只是認同商品，更是基於信賴而將未來託付於你！

🪧 郵局也賣保險？

什麼！？郵局也有賣保險？和一般的保險有什麼不同呢？在此列出主要差異供大家參考。

POST　郵局

郵政保險

保險商品

目前有壽險以及附約型態的健康險及意外險。郵政壽險的保障範圍，除了身故及完全失能給付外，亦有不少壽險包含滿期金，或是祝壽保險金；醫療險目前僅有日額型，尚未有實支型醫療險。

就商品來說，郵政保險的商品種類較少且單純。

保險額度

根據現行（2023 年）的規定，郵政保險的最高保額，以及同一被保險人的最高保額，不得超過 600 萬元，超額部分視為無效，並無息退還保費。投保多張郵政保單時，會因不同的投保組合，而有保額或是附約的投保倍數限制，可多加留意。

可免體檢

郵政保險依簡易人壽保險法可免體檢，但在填寫要保書時仍要誠實告知。若未誠實告知，足以影響危險估計，兩年內可依法解約。

保單條款

契撤期

郵政保險一樣有契撤期，收到保單翌日起十日內可撤銷契約。一般保險的契撤生效日，是書面送達翌日零時起生效，而郵政保險是在親自送達或是郵戳當日零時起生效，要特別注意。 memo 契撤期 ➡ 288 頁

保證續保

目前郵政日額型醫療險為「保證續保」，意外險為「自動續保」，投保前建議詢問清楚，或詳閱商品條款。 memo 保證續保 ➡ 168 頁

寬限期

郵政保險的寬限期，是自當期繳費日起的三個月內，而保險公司常見的寬限期是三十天，瀏覽條款時可留意，並以條款為準。
memo 寬限期 ➡ 298頁

復效

根據簡易人壽保險法，契約可於停效日起兩年內申請復效，需公司同意才可復效。一般保險則在停效六個月內，付清費用且免可保證明（如體檢）即可復效，但超過六個月就須經保險公司同意才可復效。
memo 復效 ➡ 299 頁

身故理賠金給付

　　簡易人壽保險法在 2002 年 6 月之前，為了防範帶病投保，若非意外或法定傳染病而身故者，理賠金會削減給付。修法後，因規範書面未誠實告知可解除契約，故將削減給付規定刪除，之後的郵政保險，不受削減給付之限制。 `memo` 15 歲前不給付身故保險金 ➡ 215 頁

> **郵政保險與一般保險依據的法源有何不同？**
>
> 一般保險是依據「保險法」，而郵政保險主要以「簡易人壽保險法」，及「簡易人壽保險投保規則」規範其保險商品。

> 許多人常以郵政壽險儲蓄理財，但保險應以保障、彌補風險缺口為優先考量，待有多餘資金時，再做儲蓄投資唷。

🪧 微型保險

經濟較不寬裕的人，承受風險的能力較低，比一般人更需要保險，但卻可能因保費過高而放棄。微型保險是專為弱勢族群設計的保險商品，也是商業保險的一種，承保公司仍是一般的壽險、產險公司，特色如下。

投保身份限制

根據 2021 年金管會修訂的「保險業辦理微型保險業務應注意事項」，保戶需符合下列條件之一：

1 無配偶且全年綜合所得不超過「當年度綜所稅免稅額＋標準扣除額＋薪資所得特別扣除額（2023 年未滿 70 歲者為 42.3 萬元）」者或其家庭成員（若家庭成員有配偶者須符合下款規定）

2 屬於夫妻二人之全年綜合所得不超過「當年度綜所稅免稅額＋標準扣除額＋薪資所得特別扣除額（2023 年未滿 70 歲者為 84.6 萬元）」之家庭成員

3 具有原住民身份法規定之原住民身份，或具有合法立案之原住民相關人民團體或機構成員身份或為各該團體或機構服務對象，或各該對象之家庭成員

4 具合法立案之漁民相關人民團體或機構成員身份，或持有漁船船員手冊之本國籍漁業從業人或取得我國永久居留證之外國籍漁業從業人，或各該對象之家庭成員

5 依農民健康保險條例投保農民健康保險之被保險人或其家庭成員

6 為合法立案之社會福利慈善團體或機構之服務對象或其家庭成員

⑦ 屬於內政部工作所得補助方案實施對象家庭之家庭成員

⑧ 屬於特殊境遇家庭扶助條例所定特殊境遇家庭或符合社會救助法規定低收入戶或中低收入戶之家庭成員

⑨ 符合身心障礙者權益保障法定義之身心障礙者，或具有合法立案之身心障礙者相關人民團體或機構成員身份或為各該團體或機構服務對象，或各該對象之家庭成員

⑩ 符合老人福利法規定領取中低收入老人生活津貼之老人或其家庭成員

⑪ 其他經主管機關認可之經濟弱勢者或特定身份者

保額有累計限制

有一年期定期傳統型壽險及傷害險，累計保額各以 50 萬為限，而實支型傷害醫療保險，累計保額以 3 萬元為限。

阿明已向甲公司投保 25 萬的「微型傷害保險」，若要再向乙公司投保「微型傷害保險」，額度就不能超過 25 萬元；但如果是「微型人壽保險」，則可買到 50 萬額度。

保險名稱標示「微型」

金管會有規定保險名稱要標示「微型」，因此投保前可利用「保險事業發展中心」查詢，輸入「微型」關鍵字，可查到條款、保費等資訊，或是可至保險公司官網的微型保險專區查詢。

銷售方式

一開始為「保險業務」、「團保」、「集體投保」三種投保方式，之後亦有「網路投保」。集體投保的要保人，需透過「代理投保單位」與保險公司洽訂微型保險，而代理投保單位常見的規定如下：

　　除公私立學校及鄉鎮市公所外，各該單位以具有法人人格及成立至少二年以上者為限：

① 雇主與其員工關係

② 依法成立之合法合作社、協會、職業工會、聯合團體或聯盟與其成員關係

③ 依法設立之金融機構或放款機構與其債務人關係

④ 依法設立之學校與其學生關係

⑤ 合法立案之社會福利慈善團體或機構與其服務對象關係

⑥ 直轄市政府、縣市政府、鄉鎮市公所、區公所、村里辦公室與其戶籍居民關係

⑦ 合法立案之宗教團體與其成員或該團體服務對象關係

⑧ 凡非屬以上所列而具有法人資格之團體與其會員或成員關係。

　　舉例來說，符合投保資格的阿明，可透過有代理民眾投保微型保險的鄉鎮市公所、合法立案的宗教或社福團體等機構，向保險公司購買微型保險。

微型保險提供經濟弱勢者一定的保障，保額較低，保費亦不高，符合資格的朋友，可至保險公司官網的微型保險專區進行試算。

🚏 小額終老保險

政府為了因應人口高齡化的趨勢，讓高齡長者也能「老有所終」，推出了「小額終老」保險。然而，不只是中高齡族群，年輕人也能投保，投保條件相對寬鬆。

商品特點

主要提供「身故、完全失能」的基本壽險保障。因為附加費率有受規範，保費比一般終身壽險便宜。

投保年齡放寬至 84 歲，體況要求相對寬鬆。但要注意保戶的投保年齡加繳費年期不得大於 90，例如 84 歲長者通過核保，也只能選擇 6 年期繳費。

保額限制

小額終老保險在 2017 年剛推出時的保額僅 30 萬元，之後陸續放寬，到了 2023 年，金管會宣布在 2023 年 5 月從 70 萬提高至 90 萬元，每人可投保的件數也將由現行 3 件放寬為 4 件。可附加 1 年期傷害保險附約，保額上限 10 萬元。

理賠限制

要注意的是，小額終老投保後 3 年內，如果被保險人身故或完全失能，保險金將以「已繳保險費總和」的 1.025 倍給付。要到第 4 個保單年度後，保險公司才會按照投保金額給付。

　　若身故時的喪葬相關費用不是問題，不一定要透過保險來解決，但若擔心身後事，與其參加坊間的老人互助會，到不如考慮小額終老保險，較有保障。

 年輕時有定期壽險可買，可用較少預算達到足夠保額，亦可依不同人生階段調整保額，因此適合以「定期壽險」為主來規劃保單。

🚏 便宜的境外保單？

境外保單又稱國際保單、地下保單，也就是未經金管會核准在台販售，不受國內保險法規範的保險商品，買這些保單會有什麼問題呢？

境外保單的誘因

國內保戶較常接觸的是壽險、儲蓄險這類境外保單，其保費是以死亡率、預定利率、附加費用為計算基礎，因國內外的費率差異，可能會出現境外保單較便宜的情形。

風險

推銷時

許多境外保單僅有外文或是翻譯的對照條款，容易產生無法精準表達原意的問題，且難以確認是否真有國外保險公司授權銷售。

理賠時

若變成孤兒保單，日後有理賠問題時，就須親自接洽國外的保險公司，還得注意理賠文件是否受當地保險公司認可。

稅務問題

　　每人每年會有 2.4 萬的保費扣除額，境外保單的保費可能無法計入。此外，正常狀況下，身故理賠金能免課遺產稅，由於境外保單非經主管機關許可核准，因此須課遺產稅。

如何辨識

　　國內核准的保單，會於國內設立子公司或分公司，保單同時會記載金管會核准或備查文號。

根據保險法第 167-1 條，販賣境外保單是有「刑事」責任的，也明訂保險業不得招攬未經核准的保險商品。買境外保單不一定是賺到，購買前務必瞭解風險，避免權益受損！

🚏 保單裡的四種人

大熊替老婆進香買壽險，向 835 保險公司的業務員投保，並指定小孩丁丁可拿理賠金。此例中的保單「四種人」分別是誰呢？

要保人 / 付錢的

是負責出錢買保險的人，也是跟保險公司簽約填寫要保書的人，有變更、解除契約等權利。

被保險人 / 出事的

是「被保險」的人，當被保險人發生事故，保險公司會啟動理賠機制。要保人與被保險人之間要有「保險利益」才能投保。

memo 保險利益 ➡ 270頁

受益人 / 拿錢的

事故發生後，有權利拿到理賠金的人。

保險人 / 賠錢的

負責制定契約、核保以及履行理賠義務的保險公司。

◉ 答案：「保險人」為 835 保險公司，「要保人」為大熊，「被保險人」為進香，「受益人」為丁丁。

🚩保單四大金釵

阿桃每年要繳給保險公司 1,000 元，若不幸身故可得 2 萬元，若中途不要保險了，可拿回 5,000 元。請問阿桃的保費、保額、解約金各是多少呢？

保費

即「保險費」。根據投保契約所記載的保險費率，要繳給保險公司的費用。

保額

即「保險金額」。與保險公司約定事故發生要賠付的金額 (基準)。

保價金

即「保單價值準備金」，可用來反映保單的真正價值，在保單借款、解約，以及某些狀況下的理賠金，都是以保價金為計算基礎。

解約金

　　若解約時保單內有保價金，保險公司須給付解約金。解約金是以保價金為計算基礎，扣除保險公司管銷費用的剩餘金額，才是所謂的解約金。

　　不是每張保險都有保價金與解約金，如一年期保險通常就沒有。長年期（繳費期十年以上）健康險，因可將「脫退率」納入費率計算，所以也無解約金唷。

> **脫退率**
>
> 指保單非因死亡等事故因素終止，而是在中途就失效或解約的人數，佔總保戶的人數比率。基本上，脫退的這些人可拿到解約金，但由於已考慮到脫退率而降低保費，所以不會有解約金。

◉ 答案：「保費」為 1,000 元；「保額」為 2 萬元；「解約金」為 5,000 元。

示範條款

金管會為了使條款趨於標準化，因此發布部分示範條款，供保險公司參考。

示範條款的效力

示範條款為保險契約的最低要求，根據「人身保險商品審查應注意事項」，除非保險公司設計的條款更有利於被保險人，否則要比照示範條款及相關法規。

有示範條款的險種

並非每個險種都有示範條款，如癌症險就沒有。以下是較常見的示範條款：

① 人壽保險

② 傷害險

③ 旅平險

④ 實支型醫療險

⑤ 日額型醫療險

⑥ 長期照顧保險

其他示範條款可到人壽保險商業同業公會的「保險相關法規查詢系統」查詢唷！

保險商品送審時，雖會審查是否有比照示範條款，但示範條款只有示範作用，還是以簽訂契約為主，因此投保時，務必了解購買商品的條款內容唷！

♟ 投保前不能先看保單嗎？

柚子想買保險但完全沒有頭緒，除了從各保險公司查詢商品外，有辦法在投保前，就知道保單內容嗎？

該怎麼查到
所有商品呢？

查詢保單

　　只要到「財團法人保險事業發展中心」的網站（簡稱保發中心），不論是已停售或未停售的保單，幾乎都查詢得到，但保單資料庫是從 2004 年底建立，這之前的保單若找不到，建議直接與保險公司聯繫。

查詢方式

　　保發中心的商品查詢介面有許多篩選條件，大略介紹如下：

❶ 公司類別：分為財產保險及人身保險。

❷ 公司名稱：查詢特定保險公司的保單。

❸ 保險類別：篩選特定保險類別，如健康保險、傷害保險。

❹ 銷售日、停售日區間：可查詢某期間銷售或停售的保單。許多商品會部份

變更後重新銷售，保險名稱相同，僅會註明是第幾次變更，此時便可利用日期查詢，得知是第幾次變更的保單。

⑤ 未停售：篩選出尚未停售的保單。

⑥ 關鍵字查詢：例如想找住院醫療險，可直接輸入：「住院醫療」。

保險商品資料

查詢到保險商品，便可看到相關文件，可供查閱、下載。

保單名稱

保險名稱後面加上第幾次變更，如「法商法國巴黎人壽一年定期重大疾病健康保險（第 3 次部分變更）」，代表該份保單有做部分變更。

文件代碼

每一份保單都有保發中心的專屬編號。以「法商法國巴黎人壽一年定期重大疾病健康保險（第 3 次部分變更）」為例，其專屬編號為「267351M11A00103」，編號後的大寫英文字母，如「267351M11A00103-A」，有不同的涵義：

> **文件代碼長度不同？**
>
> 因編碼原則改變，銷售日 2015/7/1 之後的保險商品，採新編碼原則。

▶ **A 為「保單條款」**

記載完整的保障範圍，包含名詞定義、保險範圍、給付項目，以及除外責任等項目，與投保後拿到的保單條款內容相符。

▶ **B 為「要保書」**

要保書是保戶投保時需填寫的文件。內容有保戶的基本資料，以及健康告知的範圍。

▶ C 為「費率」

記載該份保單的保險費率，保費通常會依年紀、男女或是職業類別區分，透過費率表可算出保費，但可能會因體況而加費，故實際保費以保險公司計算為主。

▶ E 為「理賠文件」

載有理賠所需的申請文件或相關程序。

▶ F 為「保險商品內容說明」

簡要說明保單內容為何，如保障範圍、投保資格等等。

附加保險

通常會列出與此商品有主附約關係的保險商品。

因作業程序等關係，在保發中心網站上可能查不到最新的保險商品資訊，因此除了參照保發中心資料外，亦可到各保險公司官網進一步了解。

☗ 輕鬆看懂保障範圍

只要掌握幾個大項目，就可在幾分鐘之內了解有多少保障唷！學會看保單，在簽約時，可就不清楚的地方與業務討論，理賠時，亦可了解理賠金額是否正確，好處多多！

名詞定義

如疾病、醫院、住院分別有其定義。

以醫療險示範條款的「醫院」為例，係指依照醫療法規定領有開業執照並設有病房收治病人之公、私立及財團法人醫院。有些診所雖有病床，看來規模也大，但依醫療法規定還是屬於診所而非醫院，不符合保單的醫院定義就會拒賠。

此段落可先瀏覽，大致瞭解有那些名詞定義，在保單條款中看到相關名詞，再回來翻閱即可。

住院要滿足以下三條件
1. 需為醫師診斷必須住院
2. 正式辦理住院手續
3. 確實在醫院接受診療

保險範圍

說明在什麼情況下或範圍內會理賠。

以某醫療險為例，被保險人於本契約有效期間內因第二條約定之疾病或傷害住院診療時，本公司依本附約約定給付保險金。

其中的「疾病」、「傷害」、「住院」是主要關鍵字，可再到名詞定義確認。

除外責任

說明哪些情形，保險公司可不負理賠責任，如醫療險的「外觀可見之天生畸形」等等。

給付項目

詳載理賠項目，以及該理賠金如何計算。以壽險「身故保險金」來說，列舉三種常見的給付方式：

❶ 保險金額：如保額 300 萬，身故理賠金即為 300 萬。

❷ 累計所繳保險費加計利息：將過去所繳的保費連同利息退還。

❸ 身故當日之保單價值準備金

也有根據上述三種金額取最大值給付。

「大眾運輸」的名詞定義

有些意外險針對特定事故會加倍理賠，如搭乘大眾運輸時，若不幸發生意外會額外給予理賠金，此時要特別留意「大眾運輸」名詞定義為何。

給付限制

說明理賠有哪些條件限制，或上限是多少。以實支型醫療險為例，被保險人已獲得全民健康保險給付的部分，本公司不予給付保險金。

看動畫懂保險

不是買對險種就沒事，條款、保額也很重要！

附表

通常附在保單契約的最後，記載「給付項目」的理賠倍率與限額，如實支型醫療險的「每一單位限額表」。

以某日額型醫療險的「手術保險金給付」條款為例，依手術類別及保險金額倍數表（見附表）所載倍數乘以保險金額給付。當投保日額為 3,000 元，對照附表的「倍數表」得知大腿截肢手術為 20 倍，因此理賠金為 3,000 元 × 20 倍 = 60,000 元。

保險金的申領

列出申請保險金時所需具備的文件，如診斷證明書、醫療費收據正（副）本等等。 memo 副本是什麼？ ➡ 71 頁、理賠金好慢才收到 ➡ 313 頁

申請理賠時，要記得備齊「保險金的申領」裡所提的文件，以免補件而浪費許多時間！若有疑慮，除了業務員，亦可直接洽詢理賠部唷。

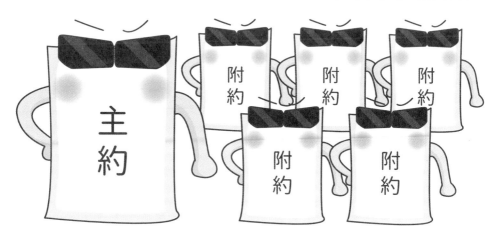

附約

　　依附在主約之下，要購買主約才能加購附約，所以要瞭解當主約有更動時，附約是否會受到影響，例如附約是否隨主約終止而失效，或主約減額繳清後，能否再附加其他附約。

附加條款

　　附加條款通常是用來擴充主約或附約的保障範圍。以意外險為例，常有燒燙傷附加條款。

> 各家保險公司的主、附約、附加條款的搭配略有不同，特別是主附約的搭配，有不同的出單方式及規則（如限定保額）。

🏷️ 附約延續批註條款

若主約終止，附約可能就隨之終止，如：「當主約終止時，其附約效力也跟著到已繳當期保費期滿後終止」，此時有無「附約延續批註條款」就很重要。

主約終止狀況

通常會記載何種情形下主約會終止，此時便可申請附約延續。常見的情形有：

身故

當主附約之被保險人不同時。

常發生在家庭式保單，主約被保險人為爸爸，附約被保險人是配偶及子女，若爸爸身故，配偶及子女便可申請附約延續。

失能

以壽險為主約、實支型醫療險為附約時，若被保險人完全失能，依主約條款申領完全失能保險金後，壽險契約會終止，此時可申請附約延續，讓實支型醫療險不會失效。

罹患特定傷病

主約為一次給付型的重大傷病險、特定傷病險或重疾險。

理賠總額達上限

指主約各項保險金申領的總額已超過所載之上限。

滿期

長年期的主約滿期，或是一年期主約已屆滿最高的續保年限。

「附約延續批註條款」通常會在附約保單之後，但不一定有。

申請附約延續時，常見的有「在主約終止事故發生後，向保險公司申請保險金隔日起六十天內要提出。」以上只是舉例，詳細請洽保險公司或參閱其申請書。

延續期限

長年期或一年期附約，會有不同的延續規定。常見的有：

長年期附約

依附約的屆滿期為限。

一年期附約

以主約的保險期間，或附約的最高續保年齡，較早到期為限。

2013 年 1 月之後，金管會審查保險商品，即要求保險公司針對「非主動終止」或「非身故」導致主約終止時，其「長年期」附約之效力，不可因主約終止而終止。

保費豁免

遭遇特定事故，向保險公司提出證明，即可免繳保費，稱為「豁免條款」。

豁免條件

依商品不同，豁免保費的條件亦不同，常見的有：

❶ 身故或是完全失能

❷ 一到六級失能或是一到三級失能

❸ 嚴重燒燙傷

❹ 罹患重大疾病

以某保單為例，被保險人於本契約有效且於繳費期間內，致成附表所列完全失能程度之一時，要保人免繳本契約（不含其他附約）續期保險費，但當期已繳的未到期保險費將不予退還。

所以當被保險人因車禍導致完全失能，則可豁免此契約保費，但其他附約保費仍需繳付。

豁免對象

要保人

要保人發生特定事故，則可豁免保費。

被保險人

被保險人發生特定事故，則可豁免保費。

以某豁免附約為例，「被保險人」、「要保人」均係指主契約要保人，且不得與主契約被保險人為同一人。

若以「爸爸為要保人幫女兒投保」為例，由於爸爸是主契約要保人，且非主契約被保險人，所以爸爸罹癌可豁免保費，但若女兒罹癌，因女兒非要保人，保費不得豁免。

有些豁免附約，對於要保人及被保險人有所限制，可多加留意。

① 主約之要保人及被保險人，須為同一人

② 主約之要保人及被保險人，不可為同一人

豁免範圍

豁免主約及附約

一旦符合豁免條件，主約與附約的保費皆可豁免。

只豁免主約

只豁免主約，其他附約仍需繳費。

只豁免附約

通常是附約裡的豁免條款，僅該附約可豁免保費。

豁免限制

載明豁免金額

豁免保費以保單所載金額為限，若保費超過豁免金額，剩餘保費仍要繳交。

　　例如，保費為 3 萬 3 千元，保單記載豁免金額為 3 萬元，豁免後仍需繳納剩餘的 3,000 元。

以當年度保費為豁免額度

　　若豁免後保費增加，仍須繳交差額。

　　例如，第三年豁免的當年保費為 4,000 元，但隔年保費增加為 5,000 元時，仍需繳交 1,000 元的差額。

依繳費期豁免

　　常見豁免保費是以主約的繳費期為限。

　　以主約十年繳費期為例，若附約繳費期較主約長（如可續約至 75 歲的定期險），當主約期滿後，就須繳附約保費。

依年齡豁免

　　只會豁免至規定的年齡，超過就不再豁免。

擔心發生事故而無法負擔保費的人，除了選擇豁免條款之外，亦可在規劃保險時提高保額，用理賠金負擔後續保費。

團險更約權

許多公司會提供團險,讓員工有所保障,有些甚至連同家屬亦可承保,保費通常較便宜。若離職後還想保有保障,記得善用「更約權」,便能將團險更改為個人險。

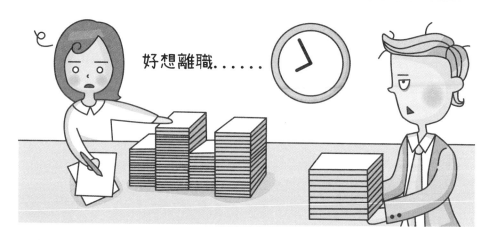

好想離職……

團險是由公司團體與保險公司簽訂,因此各條款略有不同,以下就團險示範條款介紹。

什麼是團險更約權

公司發生被保險人數資格不符,或是被保險人的職業為拒保範圍內、投保團險六個月後喪失資格(如:退休、離職)等狀況時,被保險公司終止契約者,可在三十天內,免具健康證明文件,向保險公司更換為同性質的個人險。

注意事項

更約限制

通常只能更換同類型的保險，且不能超過團險原有的保額。實際仍以條款為主。

拒保範圍

若更約時的年齡或職業已在拒保範圍內，公司可不承保，此外，團體健康險針對特殊體況亦有限制，如限制罹癌者不能更約。

費率計算

依團險示範條款，人壽保險、傷害保險為依「更約」當時年齡的標準體或是職業等級承保。

已在疾病

需注意已在疾病的起始點，如投保團險後才罹患的疾病，更換成新約後，是否會被列為已在疾病而拒賠？

並非每份團險都有更約權，即便有更約權，亦需注意保障內容差異。記得在團險終止、離職前，先向公司詢問團保內容，確保自身的權益唷！

風險無法預料

確認欲轉嫁的風險與保費預算後，應儘早投保，不該為了上市時間未明的新商品而延後投保，若空窗期發生事故會得不償失。

優先選擇定期險

由於終身險有「預繳保費」特性，若擔心解約改買新商品而有損失，可選擇定期險，等到新商品上市，在無已在疾病、體況良好情形下，改買新商品。

一年期保險有機會從新從優

除了增購新商品之外，一年期以下的舊保單有可能「從新從優」而更新條款，長年期保險基於對價平衡，較難更新條款。實際狀況仍依政府函釋。

轉讓保單、領生存金被課贈與稅

阿美投保二十年期終身壽險，要保人及受益人皆為自己，被保險人為女兒小美，在繳費期即將屆滿時，更改要保人為小美。這樣轉讓保單，算是贈與嗎？

無償變更要保人

要保人具有解約、申請貸款等權利，因此保單價值會視為要保人財產，無償轉讓保單，等同將自己的財產轉移他人，視為贈與行為，原要保人（贈與人）需依法申報贈與稅。

> **夫妻分別以要保人、被保險人投保，配偶身故很麻煩！**
>
> 當原要保人身故，而須變更要保人時，需要法定繼承人檢附同意變更之相關文件，再由這些人同意指定另一個人為要保人。

課徵贈與稅

無償變更要保人的贈與總額，應按保險契約變更日之保單價值申報。若當年度贈與總額高於贈與免稅額 244 萬元，依法會被課贈與稅 10%。

以阿美的例子來說，變更要保人為小美時，其保單價值為 300 萬元，在當年度無其他贈與的情況下，贈與稅額為（300 萬元－244 萬元）×10%＝5.6 萬元。

老王為要保人，替兒子小王投保年金險，受益人亦為小王。數年後小王領取滿期金，老王卻被追討稅金，這是為什麼呢？

要保人與受益人不同人

壽險、年金險這類具有滿期金或是生存金的保單，若領取滿期金及生存金的受益人與要保人不同，根據遺產及贈與稅法，會被視為贈與行為。

因此老王不論是每年的生存金或滿期金，皆需計入當年的贈與額度。

超過贈與免稅額

若超過免稅額度，依據遺產及贈與稅法，應於發生日後的三十天內申報贈與稅。

以老王的例子來說，在無其他贈與情形下，小王每年領取的生存保險金 12 萬，並未超過當年度的贈與免稅額，因此不會被課稅，但某年領取滿期金與生存金總額 320 萬元，超過老王當年度的贈與免稅額 244 萬，所以贈與稅額為（320 萬－ 244 萬） ×10% = 7.6 萬元。

不管是「變更要保人」或是「要保人與受益人不同人」，皆要注意稅法規定，依法申報，避免因此受罰喔。

⛐ 違反保險本意被課遺產稅

業務員告訴我，透過保險領取身故理賠，可免繳遺產稅給國稅局，是真的嗎？

依現行的保險法第 112 條，以及遺產及贈與稅法第 16 條第 9 款，的確有這類規定：「只要身故理賠金是給付於指定的受益人，其保險金不得列為被保險人的遺產。」

不過根據納稅者權利保護法第 7 條的實質課稅原則，稽徵機關可就「疑似」規避大量遺產稅的個案調查，在法院判決確定後可進行課稅。

違反保險本意

保險是提供保障、填補損害，並非用來避稅，因此，稽徵機關及法院若認定違反保險本意時，就可能被課遺產稅。

財政部整理過去實務上，依據實質課稅原則，法院判決需課遺產稅的案例，歸納出幾個特點：

❶ **投保時間：短期、密集**

❷ **投保身分：高齡、重病或帶病、舉債**

❸ **投保內容：躉繳、鉅額、保險費用等於或高於保險給付金額**

舉例來說，高齡七十幾歲的老人投保鉅額壽險（如千萬甚至是億元），且多為躉繳，投保動機就有可議的空間，因老人的家庭責任已逐漸減輕，壽險需求應不高。

至於幾歲才算高齡投保、多少金額是鉅額、怎樣的頻率是密集投保，這些尚無明確的法令規範，多是以個案處理，切勿以身試法。

簽約時

簽約時別心急！許多保險糾紛就是因為沒看清楚，或是請人代簽而發生，不可不慎！

☗基本資料

要保書需要填寫「要保人」及「被保險人」的基本資料，包含姓名、出生日、住所等。若需指定受益人時，亦要填寫受益人的相關資訊。還有許多欄位要特別注意，影響可是很大的唷。

要保人

　　要保人可申請保單借款、更改受益人、契約變更、終止契約等等，當要保人與被保險人不同時，被保險人是無法行使上述保單權利的。有保價金的保單，因有其價值存在，故視為要保人的財產。

聯絡地址

　　保險公司的文件、契約會寄送到要保人的相關地址，要是地址不正確，會無法送到要保人手上。以催繳通知為例，若不慎忘記繳費，又因此沒收到催繳通知，逾時保單可能停效，所以若地址有變更，記得一定要通知保險公司。

社區警衛代收即算催告到達

催告後保費仍未交付，保險就可能因此停效，而催告到達如何起算呢？現代社區大樓警衛常有信件代收服務，只要警衛代收，即便未實際到達要保人手中，亦算催告到達喔。

被保險人

是「被保險」的人。當被保險人發生事故,保險公司會啟動理賠機制。要保人與被保險人之間,要有「保險利益」才能順利投保。

◉ 被保險人對自身安全有疑慮時(如離婚),可根據保險法第 105 條第二項,撤銷同意權,終止該保單。

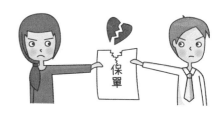

保險年齡

投保時間與出生日期之差並以足歲計算,未滿一歲的月數,若「超過」六個月,就需加一歲。

舉例:假設阿香、阿美皆在 2001 年 9 月 1 日投保

阿香生日:1966 年 1 月 2 日→保險年齡 36 歲(超過六個月加 1 歲)

阿美生日:1966 年 8 月 6 日→保險年齡 35 歲

被保險人的年齡有誤,使得保費有溢繳或短繳時,對保戶的影響是?

❶ 超過最高投保年紀上限,保單會無效,退還所繳保費。

❷ 短繳:保戶可補繳差額,或依原繳及應繳保費的比例減少保險金額,若是事故後才發現,且非因保險公司疏失造成,則僅能按比例減少保險金額。

❸ 溢繳:須退還多繳的保費給保戶。

受益人

事故發生後，有權利拿到保險理賠金的人。

指定受益人

可指定受益人的有「身故保險金」、「生存保險金」，常見於壽險、意外險、年金險（身故後），通常是由「要保人」指定。（若為死亡險，為確保被保險人的生命安全，需要「被保險人」書面同意。） memo 保險法第 105 條 ➡ 286 頁

填寫受益人時，除了姓名及與被保險人的關係外，有些要填寫身分證字號、聯絡方式。受益人的人數不限一位，若有多位時，可選擇以「均分」、「順位」或是「比例」來決定保險金給付的方式。

◉ 「身故保險金」若沒指定受益人，會變成被保險人的遺產。

受益人指定方式

有具名指定和類名指定二種。具名指定是直接寫受益人姓名，如王大明，而類名指定為身份或關係，如被保險人的配偶。具名指定較明確無爭議，而類名指定可能因時間不同（如再婚）而發生爭議。

不可指定

有些保險金是用來支付「被保險人」的醫療、生活費，所以不可指定受益人，例如失能保險金、醫療保險金、重疾保險金、生存期間的年金給付等。

需留意被保險人無法領取時，其保險金該如何處理。以失能保險金為例，被保險人喪失行為能力時，要由法院為監護宣告，改由監護人請領。醫療保險金若在被保險人死後請領，因無受益人，所以為被保險人遺產。

保費交付

約定要以轉帳、信用卡……或其他方式，並採年繳、月繳……等不同期別交付保費。 memo 如何省保費 ➡ 276 頁

紅利分配

若為分紅保單，可選擇現金給付、購買增額繳清保險、儲存生息、抵繳保費的紅利給付方式。 memo 分紅保單 ➡ 35 頁

自動墊繳

若寬限期後仍未交付保費，保單可能停效，但若保單具有保價金，就可用保價金墊繳保費，避免保單停效甚至失效。 memo 自動墊繳 ➡ 299 頁

以為填寫要保人、被保險人和受益人資料很容易嗎？其實這當中可是有很多學問的，最好想清楚，不要隨意亂填唷！接下來針對所需注意事項進一步說明。

🚸 保險利益

為了給女友保障，以女友為要保人及受益人，自己為被保險人，卻被拒保？要保人與被保險人之間，需要可保險的利害關係存在，並不是有錢就能買保險唷。

保險利益可視為，被保險人遭受損害，而導致要保人蒙受損失。

◉ **根據保險法，要保人對於以下身份的人，有「保險利益」**

① **本人或其家屬**

② **生活費或教育費所仰給之人**

③ **債務人**

④ **為本人管理財產或利益之人**

本人或其家屬

要保人對自身來說，當然具有保險利益，可為自己投保。

家屬依民法解釋：「同家之人，除家長外，均為家屬。不限於親屬關係，而是以永久共同生活為目的，而同住的人。」

阿水嬸與孫子同住為家屬關係，可申請投保。

生活費或教育費所仰給之人

當給予生活費或教育費的一方，一旦發生事故，會對另一方造成經濟上的危害，故有保險利益。

以小花為例，姑姑每個月會給小花生活費，若姑姑發生事故，生活費就可能中斷，因此小花可為要保人，以姑姑為被保險人投保。實務上需附上相關收據，證明存有給付關係，才得以認可。

債務人

借款的債權人，為了避免債務人因事故而損失還債能力，債權人可為要保人，以債務人為被保險人投保，反之則不行投保，保額不能超過債權金額。

為本人管理財產或利益之人

如董事、高階經理人等的事業合夥人，這些人一旦發生事故，對公司營運會有影響，因此老闆可為要保人，以這些人為被保險人投保。

若要保人替被保險人投保，未符合保險利益，依保險法第 17 條就可能導致契約失效，因此，投保時要確認保險利益是否存在！

╪填不填受益人結果大不同

身故保險金需填寫受益人，然而指定受益人屬於權利並非義務，可以不指定。根據保險法第 113 條，未指定受益人，保險金會列為被保險人遺產，由「法定繼承人」繼承。

父親以自己為被保險人買了 300 萬壽險，亦存有 400 萬債務，指定受益人與否會有什麼差別呢？

未指定受益人

父親的身故保險金會列為遺產，由「法定繼承人」繼承，300 萬保險金會和 400 萬債務相抵，仍有 100 萬債務（在此不討論限定繼承、遺產清冊）。若拋棄繼承，則不需償還債務，但也沒有 300 萬的保險金。

指定受益人

指定受益人為兒子，身故的 300 萬保險金不列入遺產，若兒子拋棄繼承，則兒子可領取 300 萬保險金，且沒有 400 萬債務。

指定受益人之後，仍需留意下列情形會被列為遺產：

受益人與被保險人同時身故

在沒有其他受益人的狀況下，保險金為被保險人的遺產。

受益人比被保險人早身故

記得做受益人變更，若沒有其他受益人，仍會列為被保險人遺產。

受益人並無人數限制，建議指定多位親屬，最後再填上「法定繼承人」，避免指定的受益人不幸身故，保險金被列為遺產。

🔨 受益人為法定繼承人會如何理賠？

在受益人欄位上寫「法定繼承人」，可避免保險金被當作遺產，而看到要保書上的說明「法定繼承人保險金之順位及應得比例適用民法繼承編相關規定」，究竟法定繼承人是理賠給誰？順序又是如何呢？

法定繼承人的順序

依民法第 1138 條之規定：

配偶為當然繼承人，配偶之後的順位，依序為：

第一順位：直系血親卑親屬。

第二順位：父母親（不含配偶之父母）。

第三順位：兄弟姊妹（不含配偶之兄弟姊妹）。

第四順位：祖父母（不含配偶之祖父母）。

第一順位的直系血親卑親屬，包含子女、孫子女等，而經認養程序的養子女等同婚生子女，以親等近者為先，所以子女、養子女優先於孫子女。

◉ 若同一順位有多人的情形，在此順位之人，會以均分的方式分配。

分配之比例

依民法第 1144 條之規定：

▶ 有配偶與孩子時，依人數均分。

▶ 有配偶與父母親或兄弟姊妹時，由配偶取得二分之一，另外二分之一由父母親或兄弟姊妹均分。

當然繼承人 配偶	順位 1 直系血親卑親屬	順位 2 父母	順位 3 兄弟姐妹	順位 4 祖父母
均分	均分	X	X	X
1/2	X	1/2	X	X
1/2	X	X	1/2	X
2/3	X	X	X	1/3

▶ 有配偶與祖父母時，配偶可取得三分之二，剩下三分之一由祖父母均分。

▶ 若第一順位到第四順位都沒人，全部歸配偶所有。若沒有配偶，則依順位下來，同一順位內的人均分，前一順位沒人時，才能到下一順位。

舉例說明

主角投保 1,000 萬的壽險，受益人為「法定繼承人」時：

❶ 婚前身故

主角沒有當然繼承人（配偶）及第一順位繼承人（子女），所以由第二順位的父母親領取理賠金，第二順位有兩個人，爸爸媽媽均分各領取 500 萬。

❷ 婚後身故留有妻子、父母，並無子女

身故理賠金由妻子與父母（第二順位）共同領取。妻子為當然繼承人，分得二分之一為 500 萬，剩下的二分之一由父母均分，爸爸、媽媽各領 250 萬。

❸ 婚後身故留有妻子及兩名子女，父母亦健在

因有兩名子女（第一順位），所以父母不會有理賠金。由妻子及兩名子女，共同領取 1,000 萬理賠金，每人各取得約 333 萬。

法定繼承人是依序理賠，不見得能給你想要的人，受益人建議先填特定人士，最後再填上法定繼承人。此外，注意要保書對法定繼承人的說明，若無說明，建議不要只寫法定繼承人，應寫「依民法順序比例之法定繼承人」，好避免理賠爭議。

如何省保費？

家庭一年的保費常高達十多萬，而且保費一繳就是好幾十年，也是不小的開銷，有沒有什麼省保費的方法呢？

選對繳費期別

分期繳費有年繳、半年繳、季繳、月繳四種。保費以年繳費率為基礎，選擇其他繳付期別時，傳統型保單通常會加乘保費，所以最好採年繳。

memo 保費繳不下去只能解約嗎？ ➡ 292 頁

不同繳費期別

① 半年繳保費 = 年繳費率 × 0.52

② 季繳保費 = 年繳費率 × 0.262

③ 月繳保費 = 年繳費率 × 0.088

以年繳 100,000 元保費為例，不同繳費期別的保費分別是：

半年繳：每次繳 52,000 元，一年共繳 104,000 元

季繳：每次繳 26,200，一年共繳 104,800 元

月繳：每次繳 8,800 元，一年共繳 105,600 元

◉ 「躉繳」指一次繳清保費，後續免繳保費。

不同繳費方式的折扣

每家保險公司所提供的繳費折扣略有不同，以下就常見的情形說明。

❶ 金融機構轉帳

常會給保費 1% 左右的回饋。

❷ 信用卡繳費

與信用卡公司合作，推出聯名卡，提供折扣或是以紅利點數折抵保費，亦可留意信用卡公司本身是否有提供折扣。

❸ 自行繳費

像是 ATM 轉帳、郵局劃撥或到便利商店代收等方式，部分保險公司亦有折扣。

自動繳費要留意

現代人常採自動扣款、信用卡繳交保費，但可能因餘額不足、停卡而忘了繳保費！提醒一下，停效前有寬限期，這段時間的契約仍有效，請儘速繳納，以免失去保障。

集體彙繳

類似團購，常以公司或家庭為單位，五人以上集體向保險公司投保，指定同一個收費地址。常見有 2% 折扣不等。

公司團險

公司團險也是類似團購概念，費率是以團體計算，因此團險的保費通常較便宜。

保額增加選擇權

有些壽險有「保額增加選擇權」條款，能依投保時的條件增額。通常在投保滿五年或結婚生子時，根據原先投保的年齡、費率，增加一定比例的保額，只要補繳過去的保價金，即可增額。若保單先前的預定利率較高，保費就比現在便宜。

優體保單

針對身體狀況良好的非吸菸族群，其保費會比一般標準體的壽險保費便宜。 memo 優體保單 ➡ 37 頁

上述並非適用所有險種與商品，例如投資型保單的分期繳付，不同期別的年繳總額就沒有差異，購買時要向保險公司詢問清楚唷。

要保書的「告知事項」，針對被保險人的職業及身體狀況做書面詢問，若沒有據實告知，後續會衍生不少問題。

以下就人身保險要保書的示範內容，列出主要的詢問事項。

職業及兼職

職業填寫

被保險人的職業內容，對意外險非常重要，其保費多是以「職業」分級（例如內勤人員一級、空服員六級等等），若沒有據實說明，可能會有理賠金短少，甚至不賠的狀況。

職業變更未告知

某意外險僅接受一到四類職業類別，300 萬保額的年繳保費，第一到第三類為 4,000 元，第四類為 8,000 元。

技安及阿福的職業都是屬於第二類的收帳員，皆投保 300 萬意外險，年繳保費 4,000 元。之後公司業務調動，技安及阿福的職業皆有變動，但未通知保險公司：

❶ 技安變成貨車司機（第四類）

因車禍意外造成雙腳足踝截斷，屬一級失能（100%），但只理賠 150 萬元的失能保險金。

職業變動沒有通知保險公司，根據條款「按其原收保險費與應收保險費的比率

折算保險金給付」。應收保費為 8,000 元但只收 4,000 元，所以按比例折算理賠金為 300 萬元 ×（4,000 / 8,000）=150 萬元。

❷ 阿福改任操作起重機（第六類）

因操作不慎造成雙腳足踝截斷，屬一級失能（100%），因職業變更後屬拒保範圍，保險公司可不理賠，僅得按日退還未滿期保費。

身體狀況

治療方式

以「最近二個月內是否曾因受傷或生病接受醫師治療、診療或用藥？」為例，治療、診療或用藥指的是：

❶ 治療：針對疾病、傷害等異常現象直接加以手術、用藥或物理治療、心理治療等。

❷ 診療：對於身體狀況有異常之問診、檢查或治療。

❸ 用藥：服用、施打或外敷藥品。

時限

通常列有「兩個月內」、「一年內」、「兩年內」、「五年內」等，針對題目所問的問題，若曾有該疾病但不在問題時間內，可免告知。

以小洪的胃潰瘍為例，最後一次看病是三年前，問題是「過去一年內是否有因此疾病接受醫師治療、診療或用藥」，小洪可填「否」，且不需要額外填寫以往胃潰瘍的病史。

所列的疾病／症狀

　　僅須回答要保書所列的疾病即可。小明三年前患有輕微脂肪肝，但肝指數正常，醫師認為正常，不需治療。要保書問「過去五年內是否曾因患有肝炎、肝內結石、肝硬化、肝功能異常而接受醫師治療、診療或用藥？」，可填「否」，因脂肪肝不在所稱的疾病內。

　　感冒是否要告知呢？以「最近二個月內是否曾因受傷或生病接受醫師治療、診療或用藥」來說，若兩個月內曾因感冒就診，就應該回答是。

　　若不確定罹患的疾病，與要保書中所載之疾病是否相同，建議可詢問醫生。

> **書面詢問如何告知**
>
> 要保書的健康詢問並非無限上綱，只要就書面詢問告知即可，在填寫要保書時，務必注意這一點！

未誠實填寫

兩年內解約

　　根據保險法第六十四條：「訂立契約時，要保人對於保險人之書面詢問，應據實說明」，其中的書面即為要保書，所以務必要據實填寫。

　　有人會擔心體況不佳被拒保，所以不誠實告知，但即使因此通過核保，兩年內被發現不實告知，足以影響危險估計，保險公司依舊可解除契約，且不需退還已繳保費。

「告知」與「理賠」是兩件事情

　　有些人以為誠實告知病況而順利核保，保險公司就會理賠投保前已有的疾病，但這是錯的。書面的健康告知是提供核保依據，而投保前已有疾病本來就不賠，這兩件事不可混為一談。

有體況可能的情形

延期承保

若近期有體況，狀況未明或還在治療中，就會觀察而延期承保。如投保健康險時，體檢發現血尿。

批註除外

有確切的體況問題，保險公司可接受，但批註一部分為除外不保事項，再予以承保。如有子宮肌瘤病史，有些癌症險會批註子宮相關的癌症，不在保障範圍內。

若被保險人提出體檢報告，保險公司因而取消疾病的批註，日後疾病復發賠不賠？

常見的取消批註文件會寫：「同意取消被保險人某疾病之批註」，而非寫「甲疾病在保單承保範圍」，所以取消批註，僅表示回到與一般無批註的保單相同，同樣受到已在疾病的限制，若之後疾病復發，證明為已在疾病，仍可能拒賠。

加費承保

無法具體判斷會對何種器官產生直接影響或疾病時，會以加費方式處理，如高血壓。

拒保

衡量後認為危險程度過高時，當然就不會承保。

各家保險公司的核保標準略有差異，可能被某保險公司拒保，但在另一間卻可承保，可評估自身體況，並參考業務員意見來投保。

病史先不告知，過二年後就會賠？

未誠實告知可解約

根據保險法第 64 條，投保時的書面詢問，必須據實告知，若隱瞞疾病而影響到危險估計，投保兩年內被查到，保險公司是可以解除契約的。

免體檢仍要誠實告知

若不據實填寫，保險公司兩年內可依不實告知解約。

已在疾病不在保險範圍內

根據保險法第 127 條，針對已在疾病，保險公司沒有給付保險金的責任。已在疾病沒有時效限制，所以即便超過兩年，已在疾病仍不在理賠範圍內，不會理賠。

已在疾病並無時效的限制

要保書就五年內、兩年內的疾病做健康詢問，所以不少人誤解五年前的已在疾病就可獲賠，但已在疾病無時效限制，只要保險公司證明與已在疾病有關，就可能拒賠。

◉ 正解是「投保超過兩年，保險公司不得解約，而已在疾病不管多久皆不賠！」。

看動畫懂保險

生病後發現保險不足，現在買還來得及嗎？

帶病投保，不論過多久，該疾病皆不會理賠。兩年內被發現未誠實告知，保險公司可以解約，保費也不需退還！

🚩聲明事項

保險公司告知保戶的注意事項，亦取得保戶的「同意」或「授權」。

聲明事項

❶ 同意保險公司蒐集、利用、處理被保險人的健康檢查、醫療及病歷資料。

❷ 同意要保書所載的個資於公會電腦系統中建立，並同意被其他保險公司於該系統查詢。

❸ 保險公司於「個資保護法」規定範圍內，有蒐集、處理及利用的權利。

多實支告知聲明

若投保實支型傷害醫療險或醫療險，針對多實支保險會有如下聲明：

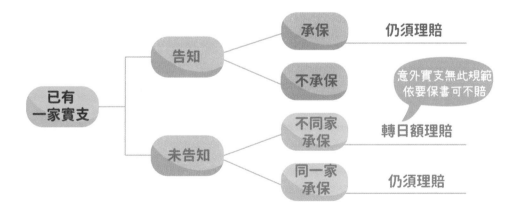

告知並承保

被保險人於投保時已通知保險公司有投保其他商業實支實付型醫療保險，而保險公司未拒絕承保者，其對同一保險事故已獲其他保險契約給付部分仍應負給付責任。

譬如說，分別向甲、乙公司投保限額 5 萬元的實支型保險，醫療收據為兩萬元，以正本收據向甲公司申請 2 萬元的保險金後，仍可以副本收據向乙公司申請 2 萬元。

未告知而承保

　　被保險人於投保時已投保其他商業實支實付型醫療保險而未通知保險公司，則對同一保險事故中已獲得全民健康保險或其他人身保險契約給付的部分不負給付的責任。但保險公司應以「日額」方式給付，前述日額之計算標準，保險公司於設計保險商品時應明定之。

　　由於「人身保險商品審查應注意事項」只針對實支實付型「醫療險」有如上述規範，但實支實付型「傷害醫療險」並無此項說明。在「人身保險要保書示範內容及注意事項」十一條裡提到「如有重複投保而未通知保險公司者，同意保險公司對同一保險事故中已獲得全民健康保險或其他人身保險契約給付的部分不負給付責任」，因此，保險公司是可以不理賠的。

◎ 若沒有告知保險公司，已獲其他保險給付的部分，實支型「意外醫療險」可不負給付責任；實支型「醫療險」則要改以日額方式給付。

注意投保順序

有些不接受當第二家實支醫療險的保險公司，若告知已有其他間實支醫療險就會拒保，所以需注意投保順序。

聲明事項常會被忽略，但由於與自身權益有關，務必要看清楚之後，才在要保人、被保險人的簽名或蓋章欄，「親自」簽名唷！

🚏可以幫被保險人代簽嗎？

保險契約屬於法律文件的一種，填寫要保書等書面資料時，要保人及被保險人都應親自在該欄位上簽名。

根據要保書填寫說明例示「應由要保人及被保險人本人就內容親自填寫並簽章，未經契約當事人書面同意或授權，保險經紀人、代理人及業務員，均不得代填寫」，因此，當被保險人不在現場時，要保人千萬不要為了方便而代為簽名。

保險法第 105 條亦有相關規範，由第三人訂立的死亡保險契約，未經被保險人「書面」同意，並約定保險金額，其契約無效。這是為了防範道德風險，避免被保險人在不知情的狀況下，被當做保險標的。

可由他人代簽的情形

❶ 被保險人未滿 7 歲

未滿 7 歲的被保險人為「無行為能力」人，可由法定代理人簽名。已滿 7 歲的未成年人，為「限制行為能力」人，被保險人除了要親自簽名之外，還要有法定代理人陪同在旁並簽名。

❷ 被保險人不認識字或是無法簽名

根據民法第三條第三項，當簽約當事者不認識字或因故無法簽名時，可採蓋手印、十字或其他符號代替簽名，但一定要有兩個人在旁當見證人，並簽名證明。

最後提醒保險業務員，若未經授權而代簽，一經查獲，根據「保險業務員管理規則」，會受「停止招攬」的處分。處分累積達一定期間還會被「撤銷」業務員登錄資格唷。

⚑ 審閱期、契撤期都可看保單，但出事哪個會賠？

審閱期　簽約前　　　　　　收到保單　契撤期

至少3天　　　　　　　　　　　　10天

傳統型個人人壽保險適用　　　　兩年以上個人人身保險適用

審閱期

什麼是審閱期

簽約前保險公司必須提供條款樣張給保戶，讓保戶至少有三天考慮期，並簽署「審閱期間聲明書」，確保瞭解保險內容。

哪些險種適用

根據壽險同業公會自律規範，保險公司辦理「傳統型個人人壽保險」需有審閱期，好保障客戶權益，不論是與業務員或電銷等方式，皆適用唷！

> **消保法規定定型化契約都要有審閱期**
>
> 消保法第 11-1 條提到「企業經營者與消費者訂立定型化契約前，應有三十日以內之合理期間，供消費者審閱全部條款內容。」因此，與「非」傳統型個人人壽保險產生衝突，而有修法討論，日後可多加留意。

發生事故會理賠嗎

審閱期是指「投保前」審閱條款樣張的期間，因此這段期間不在保障範圍內。

契撤期

什麼是契撤期

簽約後收到保單隔日起十天內，可以行使「契約撤銷權」，契約自始無效。簡單來說，即便簽約後，在契撤期間內是可以反悔的。

保單收受日

❶ 業務員訂立保險契約

核保通過後，業務員會給你保單並簽收回條，簽條上的日期就是保單收受日。保單若以郵寄方式寄送，則是以雙掛號回執聯所記載的日期為保單收受日。

❷ 電銷人員訂立保險契約

「保險契約何時成立」為電銷常見的爭議，有些需將要保書傳真簽名後回傳，有些電話上同意即可。保單以掛號方式寄出後，簽收的當天即為保單收受日。

> **簽收掛號不限當事者**
>
> 簽收掛號要留意，此舉不限當事者，任何人都能代簽收掛號，所以像警衛室代收後，契撤期即開始計算。

哪些險種適用

適用於「保險期間兩年以上的個人人身保險」，所以一年期的意外險就不適用。

發生事故會理賠嗎

收到保單後隔日起有十天的契撤期，這期間仍享有保障。提出契撤申請後，在隔日零時起生效，之後發生的事故並不在保障範圍內。

⚐ 保單何時生效？

阿華才剛與業務員簽約購買保險，隔日就不幸發生事故。在沒有保單且保險公司尚未確定是否承保的狀況下，有沒有在保險範圍內呢？

根據不同的險種，責任起始點不同，下列皆以示範條款說明：

壽險

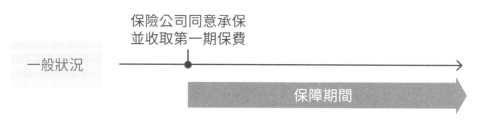

一般狀況　　保險公司同意承保並收取第一期保費　　保障期間

壽險示範條款：「保險公司應自同意承保並收取第一期保險費後負保險責任，並應發給保險單作為承保的憑證。

保險公司如於同意承保前，預收相當於第一期保險費之金額時，其應負之保險責任，以同意承保時溯自預收相當於第一期保險費金額時開始。

前項情形，在保險公司為同意承保與否之意思表示前發生應予給付之保險事故時，保險公司仍負保險責任。」

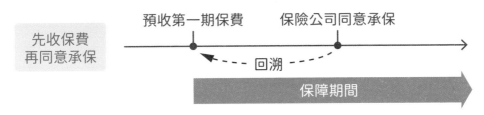

「先收保費再衡量承保與否」的情形，依據條款第二項，同意承保後保險責任應回溯至預收第一期保費時。

像阿華的狀況，除非保險公司提出阿華本來就為拒保對象之證據，否則保險責任就應回溯至繳交保費那天起，因此應給付理賠金。

意外險

意外險示範條款：「本契約的保險期間，以本契約保險單上所載日時為準。」因此，責任始期是依契約所載的時間為準唷！

假設保險期間從 8 月 25 日午夜 12 時開始，阿華在 24 日上午投保，下午不幸發生意外，因保險期間尚未開始，所以保險公司可不理賠。

醫療險

醫療險示範條款所載的保險始日：「本契約的保險期間，自保險單上所載期間之始日午夜十二時起至終日午夜十二時止。但契約另有約定者，從其約定。」

實務上有「附約」的醫療險，其保險始日通常與主約相同，如「本公司應自同意承保並收取第一期保險費後與主契約保單生效之日同時開始負保險責任。」

簡言之，保單生效期間依契約上的約定，若無約定，則為保單上記載期間。最後提醒一下，疾病通常有三十天的等待期，因此若保單生效三十天內的疾病，同樣是不理賠的喔。memo 等待期 ➡ 84 頁

不是投保後就沒事！保險契約長達數十年，難免會有解約、繳費、保單停效、復效問題，告訴你該如何處理。

🏦 保費繳不下去只能解約嗎？

保單繳納動輒十幾、二十年，若中途繳不出錢，難道只能解約嗎？

自動墊繳保費

若保單具有保價金，可用保價金自動墊繳保費及利息，保障不會變。若保價金不足墊繳保費時，保單就可能會停效甚至失效。

memo 催告、寬限期、自動墊繳 ➡ 298 頁

減少保險金額

視為部分終止契約，如保額從 200 萬減少至 100 萬。減少後的保額仍不能低於保險公司規定的最低承保保額。

展期定期保險

以累積的保價金一次繳清，將保單轉換成「不超過原來保險期間」的定期保單，如投保二十年期的 200 萬壽險，於第十年選擇展期定期保險，變

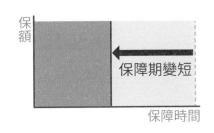

保額

保障期變短

保障時間

為十五年期的 200 萬壽險，就是「保額不變，保險期間減少」，往後不用再繳保費。

當保戶繳費期間愈長，愈接近保障年限時，由於保價金已足夠支付接下來的保費，此時亦可能退還保價金餘額。

減額繳清

與展期定期保險的條件一樣，用保價金一次繳清購買「險種、保險期間相同，但保額較低」的保單，例如二十年期的 200 萬壽險，於第十年減額繳清，用保價金一次繳清到第二十

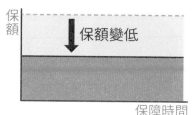

年的保費，但保額變為 100 萬，也就是「保險期間不變，保額減少」，往後不用再繳保費。

並不是每張保單都能做這些變更，且每家公司的變更條件不全然相同，若需要變更，記得查閱條款或是與保險公司、業務員連繫。

契約轉換

保險契約轉換是指「要保人以現有的保險契約，申請轉換為其他保險契約，轉換後的契約，其生效日及投保年齡均應相同」。因此，契約轉換與解約重買是不同的。

轉換的好處

契約轉換後的投保始期及投保年齡，會與轉換前的契約相同，因此保費是以舊契約投保時的年紀為計算基準。

有些契約轉換，不用出示可保證明即可申請，使有體況的人，能有機會調整保險。

轉換的規定

各家轉換規定並不相同，根據自律規範，保險公司應明訂申請文件及相關辦法，如申請時間、契約的投保始期、保險年齡計算等等。

可在保單條款中「契約更約」、「契約轉換」了解，或是至公司官網的「保單服務」底下的「契約轉換」相關網頁查詢。

轉換的限制

各家限制不同。通常僅提供仍在銷售的保單轉換。

有些限制終身醫療險、防癌險……等不得轉換，或是不可轉換成意外險、重疾險等。除了險種，轉換後的保額亦有限制，有些不得高於原契約保額。有的規定停效中、變更為減額繳清或展期保險、豁免保費等特定情況，其契約不得轉換。詳細規定與限制，可洽保險公司。

> **繳費年期的變更**
>
> 要保人以現有保險契約，變更為不同繳費年期之相同保險契約。與契約轉換類似，但並非每張保單都有。

可從繳費、保障差異，轉換前後所產生的保價金、保費差額等等，來衡量契約轉換是否比重買划算。契約轉換並不是解約重買，這部分在過去引發不少的爭議，因此務必確認所簽屬的文件為何。

🚏 保單借款

急需用錢時，除了跟親朋好友借之外，不外乎就是信用貸款，但信用貸款利率大多偏高，為解決燃眉之急，或許可以考慮「保單借款」。

有「保價金」的保單才可借款

保價金是反映保單的真正價值，但不是每張保險都有保價金，常見的有「長年期壽險」或是有還本、滿期金機制的「終身型保險」。

借款成數依不同保單種類而有不同；例如傳統型壽險，約為保價金的七到九成。詳細的成數請見條款或與保險公司確認。

「借款利率」與「利息」計算方式

借款利率可在各保險公司官網大致了解。有時保險公司會推出優惠的保單借款專案，利率較低，但會有條件限制，如需要學費繳費證明，或是有貸款時間、金額要求。

利息的繳交週期與計算方式，會於保單載明，如「逾期一年未繳之借款利息，經公司通知後仍未繳付者，則每滿一年將併入借款本金內複利計息。」

借款本息超過保價金會停效

　　根據人壽保險單示範條款：「未償還之借款本息超過保單價值準備金時，保險契約之效力即行停止」，不過在停效的三十天前，保險公司需以書面通知要保人。

理賠金額會扣除借款金額與利息

　　當要保人有借款未還，在理賠時，保險金會先扣除欠款及利息，需注意保障是否會出現缺口，不得不慎。

保單借款主要是應急用，建議不要當成理財工具，若因借款疏忽，導致保障不足或保單停效，可是得不償失。

要保人分期繳納保費，逾期仍未繳交者，要注意催告、寬限期以及停效、復效等相關規定。

寬限期

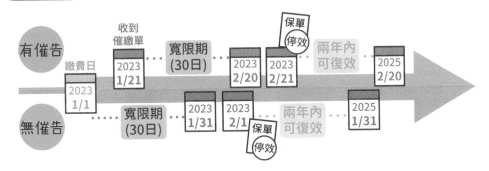

在未申請保單自動墊繳的情形下，寬限期過後的隔日仍未繳保費，契約即停效。依不同繳費方式，在寬限期前會有「有催告」及「無催告」的差別。

年繳、半年繳

不論是以什麼方式繳交保費，只要過繳費日後，保險公司會執行「催告」，通常以掛號寄送催告通知，於送達隔日起三十天內為「寬限期」。

季繳、月繳

1. 若是直接向保險公司、指定地點繳付保費，或保險公司派員收費，其繳費日的隔日起三十天內為「寬限期」，並無催告日。

2. 若以金融機構轉帳或其他方式繳付，過了繳費日後，保險公司同樣會以掛號寄送催告通知，送達隔日起三十天內為「寬限期」。

◉ **寬限期間的契約仍有效，寬限期內發生事故，保險公司須負保險責任。**

在停效之前，有保價金的保險，可以申請「自動墊繳」，但自動墊繳會產生利息，一旦保價金餘額不足時，逾期仍未繳付時，契約依舊可能停效。

停效期間的事故不理賠

停效期間的保障效力是停止的，因此即便日後復效，停效期間內發生的事故，仍是無法獲賠。

不同期間復效的條件不同

停效 | 無條件復效 | 六個月 | 可要求可保證明 | 兩年
2023 1月 ‧‧‧‧‧‧‧‧‧‧‧‧‧ 可復效期間 ‧‧‧‧‧‧‧‧‧‧‧‧‧ 2025 1月

停效保單，在兩年內可以復效，但不同期間內復效，條件是不同的。

六個月內復效

僅要付清保費及其他可能產生的費用，如利息等等，翌日上午零時起即可復效，保險公司不得拒絕。

六個月後復效

若超過六個月，保險公司可要求提供「可保證明」，停效期間體況過差，有可能被保險公司拒絕復效唷！

◎ 若保險公司未在五日內要求提供可保證明，或拿到可保證明後，十五日內沒有拒絕，則視為同意復效唷！

停效時的事故或疾病，復效後一定不賠嗎？

針對停效期間內發生事故，而在復效後產生的治療花費，就要依條款來了解是否在保障範圍內。以住院醫療險及傷害險的示範條款為例：

意外

意外定義為「契約有效期間內，遭受意外傷害事故，因而蒙受之傷害」，因此，若意外發生時並不在契約有效期間內，即使復效後，因同樣事故持續治療，仍不在保障範圍內。

疾病

住院醫療險的保險範圍是「於本契約有效期間內因第二條約定之疾病或傷害住院診療」，所以停效時生病，並不在保障範圍內。

保單復效後，若因此再度接受治療，則要看條款的「疾病」定義。以示範條款的定義為例「本契約生效日（或復效日）起所發生之疾病。」表示復效後，因停效期間所發生的疾病再度治療，不在保障範圍內。

若醫療險條款的疾病定義是「指被保險人自本附約生效日起持續三十日以後所開始發生的疾病。」在停效期間發生疾病，由於仍是生效三十日後的疾病，因此復效後接受治療，可以嘗試去爭取看看。

保費建議採年繳方式，除了在「寬限期」前有「催告」可延長繳費期間外，總繳保費也較低廉。在簽約時可選擇「自動墊繳」備而不用，一時忘記繳保費，可以啟動自動墊繳機制，不用擔心保單停效，但仍要注意利息的產生唷！

⛳ 保單健檢

保單不是買了就放在一旁，而像健康檢查，是需要定期檢視的喔。保險是減緩事故來臨時的衝擊，所以像是人生階段、外在環境改變，影響到風險承受的多寡，就應該調整。

保障

人生階段需求不同

前面提到一定要審視的人生三階段，除了需求不同之外，當自身角色改變，也要注意像是要保人、受益人是否需要隨之變更，如婚後記得將另一半加入受益人。 memo 一定要審視的人生三階段 ➡ 204 頁

外在環境變化

如健保制度改變，自費機會變高、金額變大，就需要加強實支實付、提高額度，或是醫療技術進步，許多治療改門診或是口服藥即可，就應該加強門診保障或是「罹病即給付」的一次金。

新型保險商品推出

像是失能險、重大傷病險、自負額實支的推出，若正巧有保障缺口需要填補或加強，亦或是評估體況無誤而改買其他保單，只要能用小錢買到大保障，都是檢視的好時機。

綜合上述，以 20 年前的實支實付為例，住院醫療雜費大多不會超過 10 萬，也沒有門診醫療的保障，然而隨著醫療費用升高 (健保自費項目增多)、許多新式療法在門診即可施行 (醫療技術進步)，保險公司就會推出如高住院醫療雜費、有門診保障的商品，此時就要適時做商品調整或

補強，像是達文西手術，自費約 20~30 萬元 (費用大多歸在雜費項目)，這樣子的費用也是不小的負擔。

看動畫懂保險

出事再看保單 ?！保單健檢超重要而且變簡單了喔！

保費

像定期險隨著年紀變大，保費逐漸增高，保障與保費槓桿比變小，或是家庭責任減輕，亦或是保費負擔真的太重，都應該適時的審視保單，做好因應對策。 memo 保費繳不下去只能解約嗎？ ➡ 292 頁

直接以某停賣的癌症險商品為例，10 歲女性 500 萬保額，每年保費 950 元 (罹患癌症即理賠 500 萬，保費槓桿比超過 5,000 倍)，然而在 40 歲時，500 萬保額的年繳保費為 23,150 元，因為槓桿比降至 216 倍 (5,000,000/23,150)，若保費負擔太重，其實可以降保額至 300 萬 (年保費 13,890 元)。

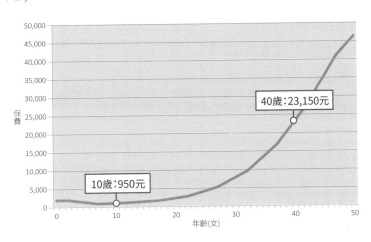

保障與保費的槓桿比變低，代表此保險「用小錢買大保障」的效用變差，這時就要透過差額理財、累積財富來自承風險。

保險存摺

　　為了解決以往保單遺失，或是忘記買了哪些保險的問題。壽險公會與產險公會及壽險、產險公司合作推出「保險存摺」，讓大家可以即時在網路上查詢自己的保單！

　　保險存摺可以查到自己做為要保人或被保險人的保單資料。包含保險公司名稱、險種分類、商品名稱、 保單號碼、契約生效日期、保額及保單是否有效等資訊。

　　以小明的身份為例：

▶ 小明自己為要保人及被保險人的保單

▶ 小明（要保人）幫兒子（被保險人）買的保單

- ▶ 小美（要保人）幫小明（被保險人）買的保單
- ▶ 小美（要保人）幫兒子（被保險人）買的保單 → 要被保險人都不是小明，無法查詢

平台分為普通會員（免費）及白金會員（年費 100 元）：

- ▶ 普通會員只能看到數量統計及一張保單的資訊，其餘保單僅顯示保險公司。
- ▶ 白金會員則可看到所有的保單資料、可下載投保紀錄 PDF 檔，並享有即將推出的「理賠線上申請」等延伸功能。

保險公司

若一開始就知道是哪間公司，則可直接向客服詢問，申請保單補發（可能有百元不等的費用），或是透過「保險事業發展中心」系統查詢商品條款。

memo 投保前不能先看保單嗎？⇒ 247 頁

在購買新保單之前，最好先審視原先的保單，了解風險缺口，也才能有完整的保險規劃。保險效力並不因保單遺失而有影響，若有需求可向保險公司申請補發。

🚏 如何整合各家保單，好了解保障與缺口？

透過保險商品清單或是保險存摺可以知道基本的保單資訊，若想要了解整體的保障內容，只要將資料輸入到保險 e 聊站「我的保單」，系統就會立馬彙整給你看喔！

家庭保單管理	統整各家商品	自動分析保障

一個帳號 可管理多人保單	擁有強大的 保險商品資料庫	分析保障內容 並整合商品條款

▶ **以保險存摺為例：**

　　將保險存摺資訊依序輸入系統欄位，系統會依所選商品，秀出對應的保額（計劃別）、保障年期、繳費年期及保費，可以利用保費來驗證是否輸入正確的商品資訊。

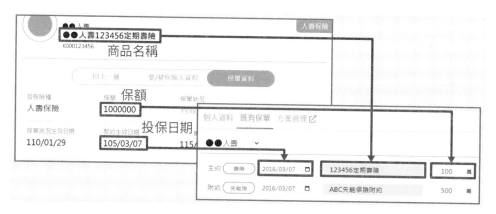

保費趨勢

總保費

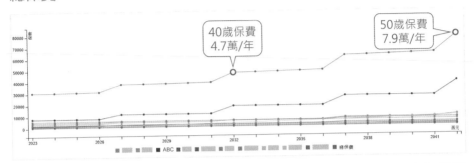

首先觀察總保費趨勢，以 31 歲男、年繳保費 3.1 萬為例，40 歲年繳保費 4.7 萬，50 歲則為 7.9 萬。透過總保費趨勢圖，評估這段期間能否承受保費上漲的幅度，若覺得保費太高，進一步看各別商品保費趨勢，決定如何調整。

各別商品

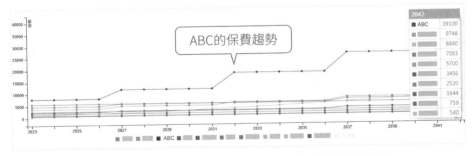

可以發現 ABC 的保費上漲曲線較快，可思考下列幾個作法：

❶ 一開始就調降 ABC 的保額

❷ 在某年齡調降 ABC 保額

❸ 更換 ABC 商品

完成保費趨勢的評估，也需了解保障是否足夠，風險來臨時才能減輕我們的負擔。

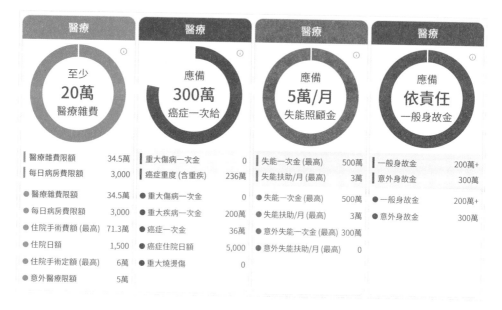

保障彙總

醫療		醫療		醫療		醫療	
至少 **20萬** 醫療雜費		應備 **300萬** 癌症一次給		應備 **5萬/月** 失能照顧金		應備 **依責任** 一般身故金	
醫療雜費限額	34.5萬	重大傷病一次金	0	失能一次金 (最高)	500萬	一般身故金	200萬+
每日病房費限額	3,000	癌症重度 (含重疾)	236萬	失能扶助/月 (最高)	3萬	意外身故金	300萬
醫療雜費限額	34.5萬	重大傷病一次金	0	失能一次金 (最高)	500萬	一般身故金	200萬+
每日病房費限額	3,000	重大疾病一次金	200萬	失能扶助/月 (最高)	3萬	意外身故金	300萬
住院手術費額 (最高)	71.3萬	癌症一次金	36萬	意外失能一次金 (最高)	300萬		
住院日額	1,500	癌症住院日額	5,000	意外失能扶助/月 (最高)	0		
住院手術定額 (最高)	6萬	重大燒燙傷	0				
意外醫療限額	5萬						

　　首先從四大風險「醫療、重症癌症、失能、身故」來審視保障，圓框內的保額是建議值，但仍需要依自身狀況調整，分述如下：

醫療

　　醫療最重要的是「實支實付」雜費限額，雖說系統建議至少 20 萬，然而隨著精準醫療費用高昂、健保財政困難等因素，未來自付差額的金額和機率應該會變高，再考慮到保險不保已在疾病，看是要「先提高保額日後再降額」或是「自承風險」，端看每個人的決定。

　　再舉一個簡單的例子，上圖每日病房費限額為 3,000 元，若你認為單人病房才能好好休養，那就要提高到每日病房限額至 6,000 元或是更高，反之，你認為一般狀況住二人房就可以，特殊狀況才需要住單人房，屆時支付差額並不會有負擔，那麼病房費限額 3,000 元對你來說就已經足夠。

重症癌症

由於癌症長年佔據十大死因之首，且隨著醫療技術進步，癌症治療不一定要住院，因此重症癌症的建議保額，主要針對癌症一次給付金。然而若你先前就有投保傳統的癌症醫療險，認為短期內癌症治療還是需要住院，一次金雖然略低但因有癌症醫療險，這樣子的搭配亦可。

除了癌症，若擔心慢性精神病、急性心肌梗塞等疾病，亦可依自身需求，調整重大傷病險、重大疾病險和一次給付型癌症險的比例。

memo 重大傷病險 ➡ 105頁、重大疾病險 ➡ 96頁

失能

「一次給付」的失能險和「持續給付」的失能扶助險可以相互搭配，藉由保障的「失能等級」以及「是否依比例理賠」來決定保額。

memo 失能險 ➡ 116頁

目前失能險的商品較少，因此亦可利用意外險來補強意外失能的保障，但仍需提醒大家，疾病造成失能的比例很高，沒有保險就只能自己承擔風險了。

身故

保額依家庭責任決定，即家庭生活費和貸款，每人狀況不同，需求也就不同，一般來說，隨著年紀漸長、小孩成年、貸款減輕，家庭責任會愈小，壽險保額便可愈低。 memo 壽險 ➡ 30頁

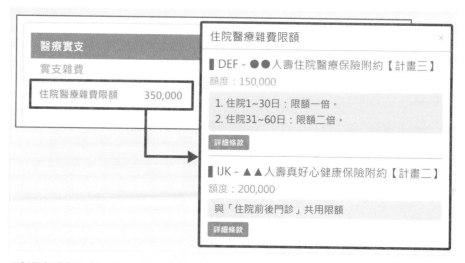

　　透過保障彙總能大致了解保障範圍，然而條款才是重點所在。以實支實付的雜費限額為例，DEF 的額度會隨著住院天數而增加，而 IJK 住院前後門診則可共用雜費額度，兩者分別在不同的情形擴大了保障。

看動畫懂保險

保險 e 聊站協助你買到對的保險

　　假設小花買了 DEF（雜費 15 萬）和 IJK（雜費 20 萬），阿毛買了 2 個 IJK（雜費 20 萬），兩人的總雜費限額，小花 35 萬、阿毛 40 萬。在住院 50 天的狀況下，由於 DEF 雜費限額加倍而為 30 萬，小花的保障（50 萬）會比 阿毛（40 萬）來得大，所以說，除了保額，條款可要好好了解，才能清楚保障範圍。

保險討論區

　　利用保單健檢系統，能知道保費趨勢，好預先調整與因應，也可以協助我們有效率的分析保障、了解缺口，若還是有不清楚的地方，可以在討論區上發問，或是諮詢站上的保險專家喔。

動動手！

可在此記下你的心得或重點唷！

理賠時

自己還是要了解理賠金如何計算，倘若
發生該賠沒賠或少賠的情形，才知道該
爭取自身權益喔。

🪧 理賠金少了是誰的問題？

很多人會委託保險業務員申請理賠，基於客戶服務與理賠經驗，業務也會接下客戶的請託，但若業務與保戶對治療方式認知有落差，造成理賠金短少，誰會發現？又是誰的問題呢？

　　吳小姐長了腦瘤，醫生建議做開顱手術取出。開刀前，吳小姐詢問業務員阿德，阿德表示：「腦瘤的手術？那當然會賠啊，妳放心好了！」

　　術後，吳小姐將記載「腦瘤手術」的診斷證明書，交給阿德申請理賠，填好理賠申請文件後，阿德也很快就送給理賠科同仁，隨後將理賠金 3 萬元賠給吳小姐。

　　數月後，吳小姐因又要做引流手術，自行查詢保單手術列表，此時才發現「特殊手術列表」中有「開顱手術」，理賠金是 6 萬元，那為什麼上次只理賠 3 萬元呢？

　　阿德向理賠科同仁了解原因後，向吳小姐說明，理賠是依「診斷證明書」為主，若記載的手術為腦瘤手術，就是依一般手術理賠，但若是開顱手術，就是依特殊手術理賠。

為了減少治療認知落差而產生的理賠爭議，建議保戶除了要了解治療方式與保單內容，必要時亦可與保險公司理賠部門溝通喔。

♠ 理賠金好慢才收到，可以快點嗎？

「早就備齊理賠文件，申請理賠卻遲遲不下來，為什麼這麼慢？！」先別生氣，說不定你可以拿到高額利息補償呢！

保戶：儘速通知保險公司

發生事故要在幾天內通知保險公司呢？這可能因保險商品而有所不同，以某條款為例：「要保人、被保險人或受益人，應於知悉本公司應負保險責任之事故後，十日內通知本公司，並於通知後儘速檢具所需文件向本公司申請給付保險金。」

根據條款可知，應在十日內通知保險公司，為了避免損失擴大而有爭議，儘早通知保險公司，對雙方都是好的。

保險公司：需於約定時間內給付保險金

根據保險法第 34 條，當理賠文件準備齊全，交給保險公司後，因保險公司過失，在十五日內沒有給付理賠金，在第十六日起，就要以年利一分（年利率 10%）加計利息。

舉例來說，保險金 10 萬元，在 4/1 已將文件備妥交給保險公司，但因作業疏失，延到 5/4 才給付，共延遲 18 天，應加計利息：100,000 × 10% × (18 / 365) = 493 元。

若已備齊文件，因保險公司過失而沒在時限內給付理賠金，可以要求年利率 10% 的利息。

忘了申請理賠怎麼辦？

阿好嬸兩年多前車禍成了植物人，由於當時阿好嬸偷偷購買保單，沒有告訴家人，小桃意外發現阿好嬸的保單，備齊文件要申請保險金時，卻被依「超過時效」而拒絕給付！這合理嗎？

請求之時效

根據保險法第 65 條，申請保險金的權利，要在兩年內行使，否則會因超過時效而消滅。除非是不知情而非疏忽造成，才能從知情的那天開始計算時效。

起算日

一般來說，時效是從「可以請求之日」算起，但根據保險法第 65 條第一項第二款，可從「知情之日」起算。

◉ 危險發生後，利害關係人能證明其非因疏忽而不知情者，自其「知情之日」起算。

雖然阿好嬸發生車禍變成植物人已經超過兩年，但若是符合第二項，並提出不是因本身疏忽，而是在不知情的狀況下，就可以從知情的那天開始計算時效。

有理賠爭議也要注意二年時效

民法第 130 條：「時效因請求而中斷者，若於請求後六個月內不起訴，視為不中斷。」若已向保險公司提出申請但有理賠爭議，也要注意時效，避免保險公司直接以超過時效來拒賠。

雖然申請保險金的權利兩年後才消滅，但建議事故發生的當下應儘快通知保險公司，避免節外生枝。

發生保險糾紛一定要上法院嗎？

保發中心為了處理保戶的理賠爭議，成立「保險申訴調處委員會」，後來因應金融消費者保護法，改由「財團法人金融消費評議中心」處理其爭議。

　　保戶若對保險公司的理賠結果不滿，當保戶向保險公司申訴未果時，就能向保險公司要求寄發拒賠函，依此申請評議。

申訴

申訴流程

　　依據金融消費者保護法，申訴流程為：

❶ 向保險公司提出申訴

　　保戶應先向保險公司提出申訴，不得直接向評議中心提出申訴。

❷ 三十天回應期限

　　保險公司必須在三十天內回應保戶其狀況。

❸ 六十天內向評議中心申訴

保戶若不接受，或保險公司三十日逾期未處理，保戶可於收到結果或逾期後六十天內，填寫申請書向評議中心申訴。

若向評議中心申訴，日後要撤銷時，得填妥撤回書。

不受理評議的狀況

保險公司與保戶之間，除了理賠糾紛外，因商品或服務所產生的民事爭議，都可申請評議唷！但下列情形是不受理的：

❶ 申請不合程式。（應填具申請書及備齊相關資料，否則不符合其程序）

❷ 非屬金融消費爭議。

❸ 未先向金融服務業（保險公司）申訴。

❹ 向保險公司提出申訴後，尚在保險公司的三十日回應期限內。

❺ 申請已逾法定期限。

❻ 當事人不適格。

❼ 曾依本法申請評議而不成立。

❽ 申請評議事件已經法院判決確定，或已成立調處、評議、和解、調解或仲裁。

❾ 其他主管機關規定之情形。

受理後

　　評議中心會先協助釐清問題的爭議點，針對雙方資料審查並調處，若調處不成，則會交由評議委員會評議。

決議效力

　　若評議中心決議保險公司須給付保險金，在「一定額度」之下，保險公司應接受。倘若決議「超過」一定額度，當保戶願意接受「縮減」至一定額度時，保險公司也應接受。根據公告，其一定額度是指：

❶ 保險業所提供之財產保險給付、人身保險給付（不含多次給付型醫療保險金給付）及投資型保險商品或服務，一定額度為新臺幣 120 萬元。

❷ 保險業所提供多次給付型醫療保險金給付，及非屬保險給付爭議類型（不含投資型保險商品或服務），一定額度為新臺幣 12 萬元。

　　舉例來說，評議中心決議須理賠保戶醫療保險金 13 萬元，若保險公司拒絕，則此評議不成立；倘若保戶願意接受理賠金降到 12 萬元（一定額度），則保險公司不得拒絕給付。

　　若決議的結果保險公司及保戶雙方都接受，則申訴事件到此告一段落；若是不接受，保戶則須從其他途徑尋求幫助，如法院。

◉ 詳細內容可電洽金融消費者申訴專線，0800-789885，會有專人協助唷！

　　求償金額在 120 萬（如重疾險）或 12 萬（如實支醫療險）以下時，可多利用評議中心。基於金融消費者保護法，評議中心具有一定程度的保障，請務必捍衛自身權益。

👣 失能理賠百百種，該怎麼算？

失能理賠金有給付限制，不同狀況給付的比例、總額也不同。以下根據傷害保險單示範條款，說明投保 1,000 萬意外險，在有效期間、不同情形下各該如何理賠。

先失能後身故

❶ 同一事故以保額為限

先失能（給付 30%）而後身故（給付 100%）為 1,300 萬（30% + 100%），但因為是同一事故所造成，理賠金額以保額為限，為 1,000 萬元。

❷ 不同事故可分別請領

先失能（給付 30%），後因「不同」事故身故（給付 100%），因為是不同事故造成，所以失能、身故理賠得分別請領，總額為 1,300 萬（30% + 100%）。

兩項以上的失能

❶ 同事故同手足取較重者

如果同一事故造成的兩項失能是同一手或同一足，僅會給付較嚴重的一項，例如左腳喪失機能（給付 50%），以及左腳五趾缺失（給付 40%），則僅會給付較嚴重的失能，理賠 500 萬（50%）。

❷ 同事故以保額為限

在同一事故中，造成雙耳喪失 70 分貝聽力（給付 40%），以及雙手十指喪失（給付 80%），兩項失能共 1,200 萬（40% + 80%），但理賠以保額為限，為 1,000 萬元。

❸ 不同事故累計以保額為限

在雙耳喪失 70 分貝聽力（給付 40%）獲賠 400 萬；而後在另一事故造成雙手十指全失（給付 80%），照比率應賠 800 萬，但給付累計金額以保額 1,000 萬為限，因此此次理賠金為 600 萬（1,000 萬扣除理賠過的 400 萬）。

合併過去的失能

❶ 合併後比單獨請領高

左眼失明（給付 40%）獲賠 400 萬，而後因另一事故造成右眼失明（給付 40%），由於雙眼失明為一級失能（給付 100%），而此次的給付比例 60%（100% 扣除先前的 40%）高於單獨請領的 40%，所以理賠 600 萬。

❷ 合併後比單獨請領低

左腳五趾全失（給付 40%）獲賠 400 萬，而後因另一事故造成右腳五趾全失（給付比例 40%），由於雙腳十趾全失為五級失能（給付比例 60%），而合併給付為 20%（60% 扣除先前的 40%）低於單獨請領的 40%，因此可單獨請領 40%，所以理賠 400 萬。

上述內容就現行示範條款來說明，詳細情形仍依各家商品條款決定，記得仔細閱讀手上的保單唷！

☘ 住院天數怎算？

該怎麼依照「住院期間」來計算保險理賠金呢？像日額型住院醫療、傳統型癌症險，或是實支型的日額選擇權，其住院相關的理賠金，是以日額乘以住院天數計算的，所以要知道如何計算住院天數唷！

入院 / 出院當日是否計算

診斷證明書通常會載明住院、出院之日以及總天數。健保病房費用的計算方式是「算進不算出」，從住院之日起算，不算出院日，但保險公司認定的住院天數，依條款不同，計算方式亦不同。

早期醫療險多未載明住院天數如何計算，有些會根據診斷證明書記載的天數理賠，有些則採「進出都算」的方式計算。

後來的醫療險，有些會於條款載明「住院天數包含住院及出院當日」，定義明確較不會產生糾紛。

日間住院

精神疾病或是自閉症的患者，常以日間住院方式治療，時間通常只有六、七個小時，過程中安排類似上課等互動方式治療，結束後返回家中休息，隔日再到醫院報到即可，與一般認為要全日待在醫院的治療方式不同，因此保險公司與保戶常有爭議。

基本上，只要符合必要性住院，且條款未載明排除「日間住院」，應屬要賠。 memo 住院定義 ➡ 250 頁

十四天內再入院視為同一次

多數醫療險保單條款，因同一疾病或傷害或其併發症，在出院十四天內再次住院，視為同一次住院。

要注意的是，若於契約有效期屆滿後出院（如之後不續保），又因同一事項在十四天內再住院，之後住院的部分並不在保障範圍內。

出院後未滿療養天數又再度住院

「出院療養金」是根據住院天數來理賠，但若在療養期間內再度住院，除非條款有載明要扣除，否則應依條款根據住院天數理賠。例如第一次住院二十天，出院後第十七天又再次住院，則第一次的出院療養金，應理賠二十天，不能只理賠十六天。

住院理賠上限

保單內通常會註明理賠上限，以日額型住院醫療的示範條款為例，在同一保單年度同一次住院，有最高的天數限制，詳情請見各保單條款。

除了必要性住院的條件，理賠限制及除外狀況也非常重要，需多了解以避免理賠爭議喔。

自費就醫會打折理賠嗎？

什麼！非健保身分就醫理賠金會打折？如果我去沒有健保的醫院，或是在國外就醫，是不是一定會被打折理賠呢？

商品類型

實支型保險可大略分為三種：

① 以非健保身分就醫或到非健保院所診療，會打折理賠，屬於「社保型」。

② 不論以健保身分就醫與否，一律全額理賠，屬於「非社保型」。

③ 少數為自費項目皆打折理賠。

社保型打折理賠

以實支型醫療險示範條款為例，「若以非健保身分就醫，或是到非健保醫院住院診療，導致各項醫療費未經全民健保給付時，依被保險人實際支付的各項費用，乘上百分比之後，才是此次的理賠金，但依舊不得超過各項保險金限額。」

種類＼身分	健保	非健保
社保	不打折	打折
非社保	不打折	不打折

打折百分比依各家保險公司自行決定，但不得低於 65%。

◎ 理賠金 = 實際醫療費 × 保單載明之給付百分比。

當理賠金大於保單雜費限額時，以最高給付限額給付。

出國時若不幸就醫，記得先辦理醫療核退再申請保險理賠，才不會因為「非健保」就醫而理賠金打折唷！

🚦闖紅燈被撞會算故意而被拒賠嗎?

一般來說,事故符合保障範圍,且不屬保單「除外責任」便可理賠,因此誤闖紅燈受傷甚至死亡,一樣在保障範圍內,但若是「故意」就不在理賠範圍內囉。

以下就各險種的示範條款做簡略說明。

壽險

誤闖紅燈導致身故或完全失能,雖屬交通違規行為,但不在除外範圍內,可以理賠。

memo 壽險除外責任 ➡ 39 頁

醫療險

誤闖紅燈導致需送醫治療,這類交通違規行為,不在醫療險除外範圍內,可以理賠。

memo 醫療險除外責任 ➡ 78 頁

意外險

交通違規行為同樣不在意外險的除外範圍內,但意外險不理賠酒駕,若被保險人喝了啤酒,血液酒精濃度超過法令規定,即便是開(騎)車被撞,同樣不賠。 memo 意外險除外責任 ➡ 58 頁

雖然闖紅燈被撞是因自身行為導致事故發生,但被保險人闖紅燈時並未預期會造成死傷,此為重大過失並非故意,非屬除外事項範圍,因此要賠。

🚸 酒駕肇事犯法可拒賠？

「闖紅燈算重大過失不為故意而可以理賠，那麼酒駕呢？我喝了酒但也不代表我故意，應該可以理賠吧？」那可不一定唷，酒駕害人害己，可能拒賠甚至坐牢唷！

同樣以示範條款為例，說明如下：

壽險

壽險的除外責任，主要針對故意自殺者，若非故意，酒駕之駕駛人於車禍中死亡，保險公司不得以此拒賠。

醫療險

醫療險的除外責任提到「被保險人之犯罪行為」，酒測值達 0.25 毫克就已違反公共危險罪而屬犯罪行為。然而就算未達 0.25 毫克，但若肇事傷人被判刑亦屬犯罪，這時候亦能拒賠。

意外險

意外險的除外責任中「被保險人飲酒後駕（騎）車，其吐氣或血液所含酒精成份超過道路交通法令規定標準者。」依據現行（2023 年）的《道路交通安全規則》，吐氣所含酒精濃度達 0.15 毫克即違規，意外險就可以拒賠。

喝酒千萬不要開車，保護自己也尊重別人的生命安全，別以為有了保險就萬無一失！

專門職業及技術人員保險經紀人、代理人函授班招生簡章

函授班設立目的

針對學員無法固定時間上課或因路途造成時間與金錢的不經濟而舉行

運作方式

同面授班進度,以週為單位

- 保險法規　　　　　　八週
- 保險學　　　　　　　八週
- 風險管理 / 保險經營　四週
- 保險行銷 / 保險實務　四週
- 模擬考　　　　　　　一週
- 總複習　　　　　　　一週

每週一 24 時前將本年授課錄影置於 www.1490.com.tw。每週提供課後補充講義及考題試作

學員配合方式

- 上課:依指引閱聽上課錄影(能參照先前課程錄影更好)
- 課後:按週閱讀教材與講義
  考試:自行試作模擬試題掃描傳予講師批閱後發還
- 發問:Line 群組、臉書社團或於專屬網站提供即時輔導

函授班精髓是講師按週輔導,不是買教材。每日養成至少二小時的閱讀習慣,是必勝秘訣

費用

最新資訊請見粉絲團或電話諮詢

諮詢

吳慶明講師 - 0928073721
吳雪玉助教 - 0916100364

保 險 經 紀 人 考 照 班 粉 絲 團
https://www.facebook.com/ins520

來亞雲端教室 ◆ 來亞保險私塾

　　保險業的教育訓練課程，往往存在一個問題，就是「上課的人年資深淺不同、專業程度也不一」，當課程內容安排遷就資淺伙伴，通常就委屈了資深伙伴；如果談艱深一點的主題，資淺伙伴聽不懂，但資深伙伴覺得受益良多。

　　有時就算大家程度相當，也會發生學習能力、吸收速度彼此不同，當你停下來思考講師所說，想懂了卻也錯過了另外一段。

　　為什麼學習不能像看電視，隨選隨看，還能時光回溯、快轉倒帶？

線上課程

超過 1000hrs 不斷更新的課程
從基礎到專業、從壽險到產險
從銷售到理賠、從個人到企業
教你獨立經營保險事業的全部
用科技打破時間、空間的限制
誰說學習一定要像傳統一樣
不論資深、資淺都不用遷就
打造保險業的 Netflix、Disney+
讓學習就像看電視、隨選隨看

實體課程

- 人身保險示範條款解析與實務
- 人身保險常見爭議判決研析
- 汽車保險條款解析與實務
- 火災保險條款解析與實務
- 責任保險條款解析與實務
- 工程保險條款解析與實務
- NBS 需求導向顧問式行銷
- 量販式行銷一次說服一群人
- 企業風險管理理論與實務

講師：李來居保險經紀人

中華民國保險經紀人公會 理事長 (第六屆)、來亞雲端教室 創辦人、看見來亞 執行長

保險好EASY
拿回保險的主導權‧用小錢買到大保障

作　　　者	保險 e 聊站
總 編 輯	黃仕宏
編　　　輯	黃欣怡、李　亭
內 文 校 對	簡君庭、侯美秀

封 面 設 計	李　亭
版 面 設 計	黃欣怡、廖婉琳
插 畫 設 計	李　亭、黃欣怡、王雅薇、莊千儀、廖婉琳

出 版 者	智保資訊有限公司
地　　　址	330 桃園市桃園區藝文一街 86 之 7 號 7 樓
電　　　話	(03)317-2218
傳　　　真	(03)317-2219
網　　　址	www.i835.com.tw
信　　　箱	forum@i835.com.tw

出 版 日	二版二刷 2023 年 5 月
定　　　價	新台幣 450 元
代 理 經 銷	白象文化事業有限公司
	401 台中市東區和平街 228 巷 44 號
	電話：(04)2220-8589

法 律 顧 問	張藝騰 律師
印　　　刷	紅藍彩藝印刷股份有限公司

─── 國家圖書館出版品預行編目 (CIP) 資料 ───

保險好 EASY：拿回保險的主導權．用小錢
買到大保障 / 保險 e 聊站著 . -- 二版 . --
桃園市：智保資訊有限公司 , 2023.04
　面；　公分

ISBN 978-986-93659-1-8(平裝)
1.CST: 保險
563.7　　　　　　　　　　112002167